택시,

작은 공간
넓은 이야기

이 책은 '2022 NEW BOOK 프로젝트-협성문화재단이
당신의 책을 만들어 드립니다.' 선정작입니다.

택시,
작은 공간
넓은 이야기

이정관 지음

우리들의 넓은 이야기는
승객과 택시가 있다면
내가 택시 핸들을 놓을 때까지는
계속 이어질 것이다.

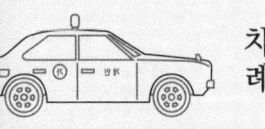

차례

1. 삶이 그러할지라도

남다른 길을 간다.	8
난감하네.	13
중독된 삶	18
맞거든 그때 오세요.	23
고집부리다 탈 나지	29
공유	34
올빼미 마을	39
까마귀 고기를 먹었는지	44
옛것은 새것의 시작	49
데이트 폭력	54
평생 취준생	59
기울면 쏟아진다.	64
꽃싸움	69
사교육 끝판왕	74
햄릿 증후군	80

2. 쉼은 재충전의 기회다.

제 잘난 맛에 산다.	88
요구되는 갱신	93
노란 풍선의 꿈	98
미아 방지 시스템	103
피의자와 피해자	108

양심 가출 소동	113
열린 문 닫힌 문	118
한국인의 마음 모양은	124
팔자 도망은 못 하지	130
십 년 고시생의 포기와 선택	134
너 나 우리	139
동백꽃 사랑	144
본부 캐릭터의 겹벌이	149
집은 내가 사는 곳이다	154
콩쥐 팥쥐	160

3. 다시, 일어나 걷는다.

만만한 당신뿐	168
아름다운 건 무죄	173
바른 징크스	178
택시 돌싱의 속내	183
엄마 찾아 삼십 년	188
운전 습관 업그레이드	193
망언 스타	198
사는 건 시험의 연속	204
짐 캐리의 트루먼 쇼	210
대부의 금주령	216
참새의 일상	221
작은 연못 우리나라	227
사랑은 먼저 주는 것	232
부끄러운 자유	237
범 내려왔다.	243
택시와의 동행	248

삶은,

지탱하기조차 버거웠지만,
거부조차 할 수 없는 현실이었기에,
택시와의 동행으로

흐릿한 삶의 끈을 이을 수 있었다는 것은,
새롭지만 확실한 행운이었는지도 모른다.

그래,

살아 있다는 건 부끄럽지 않다.
산다는 건 다 그렇고 그러니까 말이다.

공기가 탁하긴 했지만,

삶의 꽃이 움트고 피기를 반복하는
나를 품어준 작은 공간 그곳은 택시였다.

1장

삶이
그러할지라도

남다른
길을 간다.

봄꽃 냄새가 코를 자극하는 날씨다. 카카오 호출 연결이 잘 되면서 나도 모르게 콧노래가 나오는 걸 보면 역시 돈이 최고라는 인간의 본성이 나에게도 잠재해 있었던 모양이다. 나 역시 그렇고 그런 세상 속의 인간이란 걸 확인하는 순간이었다. 새벽녘 자동차 핸들에 긴장감을 더해 꼭 쥐어본다. 돈벌이가 잘 되면 마음이 흔들리면서 교통 법규 위반으로 딱지를 끊기거나 작은 교통사고가 나서 혼쭐난 적이 몇 차례 있지 않았던가.

승객이 군자교로 가자고 했다. 여성 승객이라 골목길로 들어가서 세웠다. 여성 승객이 빌라 현관으로 들어가는 걸 라이트로 확인하고 택시를 돌렸다. 골목길을 벗어나자, 허름한 차림의 두 남자가 급하게 차를 세운다. 오전 6시가 다 되어 가는데 술을 제법 마신 것 같았다.
"아저씨, 안양 가시나요?"
"네, 타세요."
옷차림새도 그렇고 찡그린 표정까지 마음이 편하진 않았다. 돈 욕심에 대답은 했지만, 과하게 마신 취객 때문에 겪은 썩 좋지 않은 기억이 몇 번 있었기에 반갑진 않았다.

"기사 아저씨, 이 사람은 저 앞 사거리 건너서 세워 주시고, 나는 안양역 앞에서 관악역 쪽으로 좌회전해서 세워 주세요."

"저 앞 사거리 건너서 말인가요?"

"너는 들어가서 전화해라? 꼭 전화해라? 알았지?"

나이 든 승객은 뒷좌석 젊은 승객에게 뻔한 잔소리를 재차 하고 있었다. 작은 사거리를 건너가 세웠다.

"여기서 세우세요."

"자네, 바로 들어가서 전화해라 알았지? 아저씨 내비게이션에 안양역을 찍고 잠시 기다리세요."

잠시 차를 세우고 나이 든 승객은 편의점에서 산 커피를 세 개씩이나 들고 탔다. 내가 가장 싫어하는 아메리카노 커피였는데 그중 하나를 내게 건네주었다.

택시가 출발하기 바쁘게 승객은 자기가 살아온 이야기를 줄줄이 쏟아낸다. 그의 말은 마치 청산유수와 같았다. 군대에서 우연히 전기공으로 근무하다 전역 후, 사회에서도 전기공으로 여태껏 일하고 있다고 했다. 자기는 운이 좋아서 전철과 지하철의 고압 전기 공사를 전문으로 하는 회사에서 똑같은 작업을 35년째 하고 있으며 낮에는 쉬고 저녁 9시 출근해서 새벽 4시에 작업이 끝난다고 한다. 낮선 이웃집 사람은 자기를 밤업소에서 근무하거나 나쁜 일을 하는 사람으로 오해해서 몇 번 집으로 경찰관이 찾아오기도 했다고 한다.

35년을 다른 사람들과는 반대되는 삶으로 살다 보니 친구가 자의든 타의든 곁을 많이 떠났고 지금 안양에 가는 것은 죽마고우를 만나러 가는 길이라고 한다. 자기는 남들과 다른 시간에 살다 보니 퇴근길엔 택시를 자주 탔다면서 기사들의 고충을 충분히 이해한다고 한다. 살면서 어느 한 직업에서 35년 이어진 삶은 실로 대단하다. 존경스럽기도 하지만 부럽기도 했다.

 그는 아침 식사하라며 빠르게 말하곤 택시 미터기에 찍힌 요금보다 만 원을 더 주고 내렸다. 금액이 문제가 아니라 마음이 정말 고맙다. 그는 안정된 가정을 유지하겠지만, 마음과 몸이 고생했을 35년 세월은 안 봐도 뻔하다. 세상살이에 절대 공짜는 없다. 남의 호주머니에 있는 돈 빼먹기가 힘들다는 것은 겪어 본 사람이라면 쉽게 이해할 것이다. 공짜라면 양잿물도 마신다고 하더니, 사람의 욕심은 블랙홀 같다. 그 사람의 직업은 세상 따라 변화할 필요도 없었고 사람의 손이 꼭 필요한 직업이기에 요즘 같은 시기에 만약에 아들이 있었으면 대를 이어 시켰을 거라고 했다. 딸 하나밖에 없어서 그게 아쉽다는 말을 남기면서 쓸쓸한 웃음을 남겼던 그였다. 쓸쓸해 보이는 그의 뒷모습이 마치 나 자신을 보는 것 같았다. 무언가를 얻었는지도 잃어버린지도 모른 채 살아온 보통 아버지의 모습일 수도 있다. 잎새를 내밀지도 못한 가로수를 스치는 골바람처럼 날렵하게 등을 돌리는 세상인심은 차갑기만 하다. 탁한 가슴을 헤집는 일상의 언저리에 분주한 어둠이 잠시 머물러 주었을 뿐이다. 열심히 살아도 나아지지 않을 때의 마음은 짓눌렸던 과거의 시간으로 되돌아가 응

고된 피눈물을 되짚어 보며 위로받았다. 어쩌면 딱히 아픔이라 말할 수 없는 내 인생길은 너저분한 밤과 낮이 엉킨 외길이었다. 이럴 때는 흐릿한 기억을 지우려고 아침 햇살로 가슴을 채우곤 했다. 안양 승객이 놓고 내린 미련과 아쉬움 때문에 쓸데없는 생각이 내 마음을 지배하며 잠시 심란해졌다.

 승객과 이야기를 주고받다 보면 자식을 보는 아버지로서의 생각이 조금씩이나마 시대에 맞게 변하려고 노력하는 모습이 보이는 것 같다. 이제는 대학이 전부가 아니라는 사실에 공감하며 전문직 직업이 평생을 보장한다는 말은 자주 듣는 요즘이다. 내 젊은 시절인 베이비 붐 시대에는 기술이 최고였다. 공부가 우선이고 좋은 직장이 우선이라면서 자식 탓하며 세상 탓하는 내 또래 승객이 타면, 시대 변화에 맞춰 부모도 바뀌어야 하며, 시대의 흐름에 따라 변화를 받아들이는 부모들이야말로 자식을 올바르게 세울 수 있다는 말을 건넨다.

 사람에게는 각자의 재능이 있다. 공부도 재능이다. 재능이 없는 곳에 시간과 물질을 투자하기보다는 자기가 좋아하고 적성에 맞는 일만 해도 성공할 수 있는 세상이다. 자기의 재능과 노력으로 성공한 젊은 친구들을 주위에서 많이 봐 왔기 때문에 난 확실하다고 장담할 수 있다. 우리가 세상의 흐름에 적응하며 순응의 자세로 받아들이는 것도 하나의 지혜라고 본다.

그는 35년이란 세월을 지탱하기에 엄청 버거웠을 것이다. 나 역시 25년째 택시 기사의 삶을 살고 있다. 누구나 다 남다른 길을 걷는 게 삶이다. 삶의 포로로 사는 것보다는 삶의 프로로 살아야 내가 하는 일이 즐거워지고 기쁨도 얻는다. 그들 중에 당신과 나 같은 사람도 끼어 있기에 우리는 붉게 탄 노을에도 부끄럽지 않은 삶이었다면서 아름답게 익어 갈 수 있다.

난감하네.

 마치 떼쟁이 어린아이가 원하는 걸 얻으려고 몸부림치는 것처럼 타협 없는 의견 충돌이라는 무논리의 극치는 서로에게 아픈 상처를 남겨 줄 것이다. 갈수록 버거운 세상살이는 마치 여포의 적토마처럼 물러설 기미조차 없이 몰아붙인다. 사람 마음도 깨진 유리 조각처럼 날카롭기까지 하다. 옳고 그름의 형평성조차 없다. 무엇이 사람을 이토록 엉망진창으로 만들고 있을까, 노조에선 '카카오 호출 대란'이라는 구호를 앞세워 여의도에서 모인다며 참석을 권했다. 무어라 변명할 말도 없고 탓할 말도 없다. 새벽길 걷는 걸음이 무거워도 출근길은 서두른다.

 도로엔 택시가 드문드문 보였다. 나 역시 택시 기사로서 동참하는 의미로 카카오톡 호출을 껐다. 타임머신을 타고 IT 시대에서 원시 시대로 돌아온 기분이다. 난 카카오에 자료 수집을 위한 택시 운행 정보를 약 40일 정도 제공하기도 했다. 취미 활동하면서 알게 된 플랫폼 관계자는 작은 자료가 모여 큰 자료가 형성되는 과정이고, 그렇게 쌓인 정보가 여러 분야에서 유용하게 쓰일 수 있다고 말했다.

내 상상력이 넘치는지, 아니면 미래 영화를 많이 봐서 그런지 알 순 없지만, 반대로 보면 정보가 광범위해지면서 여러 문제로 인하여 두려움을 가질 정도의 피해가 발생할 수도 있다는 생각이 들었다.

 택시 승객이 하차하기 무섭게 바로 기다리고 있던 승객이 탔다. 타고 내리고 타는 승객들의 볼멘소리는 좁은 공간을 불편한 마음으로 채웠다. 승객을 태우고 어느 길을 주행해도 아주 잠시 주춤거릴 뿐 주행 속도는 제법 빨랐다. 도심의 더딘 주행 원인 중 하나는 승하차하는 택시와 건널목에 정차 택시가 원인이다. 출근 시간이 임박하자 드문드문 서 있던 승객의 숫자가 늘어나고 그들 얼굴은 장마철 날씨 같았다. 어제는 승차 승객 대부분이 별 대화 없이 스마트폰에 집중하느라 어색한 인사말이 전부였다면, 오늘 승객 대다수는 투덜거릴지언정 한 번쯤은 택시가 왜 없냐고 호출도 받지 않는다며 짜증 섞인 말을 건넨다. 오늘은 핸드폰이 귀하던 2000년대로 돌아온 느낌이 들었다.
 "아저씨, 택시가 없어요."
 "아저씨, 태워주셔서 감사합니다."
 표정은 딱딱했지만, 대화는 이루어지고 있었다. 사람과의 대화는 역시 힐링이라고 말하고 싶다.
 "아저씨, 삼십 분 기다렸어요. 카카오톡 호출이 아예 잡히질 않네요."
 "카카오에서 고객 안내 문자도 안 보냈나요? 오늘 여의도에서 택시 집회가 있어서 승차가 어렵다는 공지는 기업이 고객에게 보내는 게 맞는 거 아닌가요?"

"전혀 없었어요."

화장실도 못 갈 정도로 바빴다. 타는 승객 족족 불만에 대한 대답도 지쳐가고 있었다.

빠른 변화와 거기에 맞선 투쟁은 작년에도 올해도 이어지고 있다. 내가 1980년대 4호선 지하철 공사 현장에서 반장으로 근무할 때였다. 내가 야간작업 후 쉬는 날에 두 살배기 아들을 둔 친한 반원이 지하철 현장에서 낙하 사고로 세상을 하직했다. 그 당시의 돈으로 삼백만 원에 합의서를 쓰자고 했던 시공 회사에 반발해서 난 책임자인 반장으로서 반원에게 현장 작업을 5일간 금지한 적이 있었다. 그 효과인지는 몰라도 그 후 유족은 팔백만 원의 위자료를 받았다고 한다. 그 사태로 인하여 근무 수입을 손해 봤다는 반원들의 집단 반발로 회사를 그만두어야 했던 건 보이지 않는 회사의 이간질이었다. 우리 자신들도 겪을 수 있는 일이기에 나섰지만, 입에 풀칠하기가 바쁘던 그들을 완벽하게 책임지지 못한 나는 결국 회사를 그만둘 수밖에 없었다. 누가 되었든 불평불만을 해소하려고 의견을 냈을 것이고, 의견에 성실한 답변이 없었다고 생각하기에 다수의 목소리로 집회를 할 수 있다고는 생각한다. 그러나 개인이든 단체이든 불평불만을 해소하려다 그로 인한 불평과 불안을 다른 이들에게 안기고 있다는 사실도 집회자들에게 말하고 싶다.

오후 2시에 집회를 시작하니까, 출근 시간이 끝나는 오전 10시까지는 택시를 운행하고 집회에 참여했다면, 많은 시민은 불편을 느끼지 않았을 것이고 집회에도 박수를 보냈을 것이다. 애꿎은 시민이 볼모가 되어선 안 된다. 서로를 경시하는 태도가 바로 갑질이라고 본다. 발을 동동 구르는 출근 시민들을 보며 미안한 마음이 앞섰다. 누구를 탓하자는 것은 아니다. 단지 현실적인 이야기로 무엇이 옳은지 알아야 한다는 게 내 생각이다.

  글로벌이라는 기치를 앞세운 자본주의는 돈 놓고 돈 먹는 작태를 보인다. 어느 정도 배가 부르면 그들은 딴생각할 게 분명하다. 내가 살아오면서 남은 건 눈치뿐이다. 택시 업계도 잘한 게 없다는 말은 코로나로 인해 승객이 없어 수입이 현저히 줄었는데 택시 기사들의 처우 개선에 대해선 모른 척한다는 것이다. 힘들수록 서로 기대고 다독여도 시원찮은 판에 내몰리는 건 힘없는 약한 기사들이다. 그러니 어쩔 수 없이 서로를 물고 뜯으면서 드세지는 것이다. 힘센 자가 먼저 양보해야 한다. 강자가 약자에게 양보하는 게 진리다. 힘의 논리가 판을 친다고 해도 사람이 우선인 건 사실 아닌가, 자본주의에서는 돈이 우선이라고 점점 공평하지 못한 세상이 되는 게 안타깝다.

  우린 여태껏 많은 집회를 보고 살아왔다. 사람이기에 부딪힘은 당연하다. 그나마 사람끼리니까, 해결점을 쉽게 찾을 수도 있다고 본다. 그런데 사람보다 돈이 우선이라는 사람과는 해법 찾기가 쉽진 않을 거다. 이젠 세상 사는 방식이 기계화를 벗어나 전자화가 되었고 인공지능 탑재까지 가능한 시대가 되었다. 데이터란 단순한 사실을 모아 가공하고 학습하여 어떤 의미를 부여하므로 정보가 된다.

그 정보를 컴퓨터보다 핸드폰에 더 익숙해진 우리는 어쩌면 난감한 시대를 살아가고 있는지도 모른다. 이젠 모든 게 간단명료하다. 네, 아니요, 확실한 시대가 되었다고 본다. 개인적 자유도 중요하지만, 다른 이의 자유도 중요하다는 걸 알고 행동했다면 그들을 다른 시선으로 봤을 것이다.

 살아 있다는 건 부끄럽지 않다. 그저 공기가 탁해질 뿐이다. 비난은 씨앗만 뿌릴 뿐이다. 타고난 성격은 닮을 필요가 있다. 물은 흐르면서 잠시 주춤거려도 틈새를 찾아 다시 흐른다. 물은 담긴 모양에 따라 자유로움도 즐긴다. 물은 여유로우며 활달하다. 꽃은 단지 움트고 피었다가 떨어진다.

 넘어지고 견뎌내고 일어서는 게 삶이다. 탓보다는 위로하는 자가 더 큰 사람이라는 말도 있다. 자유롭지 못한 통합은 시끄러울 뿐이다. 난감하기 짝이 없는 시대에 살면서 귀 열고 눈 떠서 배려하고 이해하는 대화로 서로를 움츠리게 하지 않았으면 참 좋겠다는 생각만 드는 오늘 하루였다.

중독된 삶

후유, 긴 한숨에 낙엽이 날리는 제법 쌀쌀한 11월 새벽길이다. 앞서가는 차마다 택시이고, 택시마다 빈 차 등이 다 켜져 있으니 나오는 게 한숨뿐이다. 오늘따라 빈 택시를 피해 다니다 보니 마음은 더 급하다. 이럴 바엔 마음 비우고 쉬었다 할까 싶은 게으른 생각은 잠시뿐, 일 중독증으로 채워진 난 여전히 도로를 달리고 있다.

어릴 적 먼저 서울로 올라오신 아버지와 같이 살게 되면서 첫 나들이했던 곳이 아버지 회사 근처 조계사와 인사동 골목길이다. 잠시 택시를 세웠다. 오십여 년 전으로 돌아간 시간 여행으로 잠시나마 마음이 여유로울 수 있었다.

불쑥 조수석 차창을 두들기는 여성은 택시 가느냐는 손짓에 고개를 끄덕였다. 뒷좌석으로 타는 승객은 할머니 연배였다.
"쌀쌀하네요. 어서 들어오세요."
"일산 갈 수 있지요? 마두역 근처인데요. 근처에 가면 자세히 얘기할게요."

"알겠습니다."

"조계사에서 밤새 불공 끝나고 더 있다 나와서 버스나 지하철 타면 되는데 그냥 빨리 집에 가려고요."

"잘하셨어요."

"일산 사는 몇 분이 버스 타고 같이 가자고 하는데 슬그머니 빠져나왔어요. 제 평생 버스나 지하철을 타지 않고 택시만 탔지요. 속이 답답해서 탈 수가 없어요."

"아이고, 그러시구나."

"아마 택시비로 집 몇 채는 없앴을 거예요."

"여사님과 같은 분들이 생각 외로 많습니다. 공황 장애 같은 병으로 지하철을 못 타는 사람도 있어요."

"전 그런 병은 없고 택시 중독 같아요."

심각한 표정으로 말을 잇는 승객 얼굴을 봐서는 소리 내 웃을 수 있는 상황이 아니었다. 어쩌면 습관성 장애라고도 말할 수 있겠다. 그렇다고 뭐라 말하기도 애매해서 말을 줄여야만 했다. 마두역을 지나 아파트 단지를 빙빙 돌아 목적지에서 고객은 내렸지만, 이 아파트 단지를 빠져나갈 일이 걱정스럽다. 잘못된 생각은 더 잘 맞는다는 속설이 딱 맞다. 아파트 정문 찾기부터 헷갈리기 시작했다. 주차난이 워낙 심한 단지 안을 더듬고 다니다 보니 왔던 자리 다시 왔다가 다시 정문을 찾아 나섰다. 이곳 아파트 단지 주민들은 정말 많은 차량 사이에 주차도 기가 막히게 잘했다.

투덜대던 넋두리는 상암동 방송가로 가는 카카오 호출로 끝내야 했다.

"MBC 앞이요."

"감사합니다. 제2 자유로 타고 가겠습니다."

"네."

상반된 기분은 흥얼대는 콧노래로 변했다. 괜한 생각에 씁쓸한 웃음이 단내가 입안에 퍼지는 기분이 들어 물을 마셨다.

"좀 일찍 나가셔도 여의도 다니시는 것보다는 가까워서 좋으시겠네요."

"좀 가까워졌지만, 출근 시간이 좀 일러서 어쩔 수가 없어요."

이른 새벽이라 금방 목적지에 도착했다.

"좋은 하루 보내세요."

"돈 많이 버세요."

돈이라는 단어가 기어코 나왔다. 사람 사는 데 돈이 필요한 거는 정답이지만, 돈에 중독된 이들도 많이 봤다. 일상적인 인사말에도 돈이 마무리 단어가 될 때는 가슴이 조금 답답하다.

"기사 아저씨, 안전하게 운행하세요."

이런 인사가 더 좋을 것 같은데 말이다. 영원한 단골의 행복과 건강을 기원하면서 말이다.

일상의 출근길도 이런저런 이유로 택시를 이용할 수밖에 없는 승객들이 많다. 중독이라는 용어를 쓰기에는 다소 무리가 있지만, 지하철 또는 버스보다는 실제로 자신도 모르게 택시를 습관적으로 탄다고 대답하시는 승객도 많다. 궁금하면 네이버에 물어보라는 우스갯소리가 생각나서 뒤적여 보니 이런 증세를 호소하는 사람들의 댓글이 예상 외로 많다는 사실에 적잖이 놀랐다.

당산역 근처에서 자정이 가까워질 무렵인데 허겁지겁 승차한 승객의 말은 살아온 지금까지 택시를 한 번도 타보지 않았는데 버스 막차를 놓치는 바람에 택시를 타게 되었다고 한다. 택시 기본 요금과 할증 요금 차이에 관하여 자세한 설명이 그에게는 필요했다. 택시의 빈 차 등만 보면 무조건 손을 든다는 여성 승객은 택시 중독 증세가 있다고 하면서 운동복으로 승차해서 백 미터 정도 가서 요금을 주고 내린 적도 있었다.

운동이나 취미에 지나치게 열중하는 것도 어찌 보면 중독이다. 일시적인 중독은 삶의 활력소가 되고, 새로운 것을 학습하게끔 동기를 부여하고 있다. 어느 정도 시간이 지나면서 즐거움이나 집착은 줄어들고, 일상생활에 새로운 취미나 운동이 자연스레 스며들어 일부분을 차지하면서 삶도 균형이 잡히고 조금씩 갱신되는 것이 중독이란 시스템의 순기능이라고 한다. 그러나 인간에게는 중독이란 치명적인 유혹이어서 빠져나오지 못하는 사람들이 많다. 삶의 무거움을 이겨내지 못하고 오직 한 곳만 바라본 고통이 후유증으로 남는 안타까운 상황도 봤다. 유혹을 즐기면서 삶의 원동력으로 삼되, 참고 절제할 수 있는 의지력이 필요하다는 게 전문가의 말이다.

기본이라는 생각이 범주를 벗어나서 습관화된 언행이 중독이라고 한다. 현실에선 중독이란 단어가 남발하고 있다. 생활에 깊숙하게 삽입되어 위험도를 높이는 도박과 술 그리고 핸드폰 중독과 인터넷이나 동영상 중독이 심하다. 마약 사범에 대한 뉴스가 간혹 들리더니 이젠 자주 듣는 뉴스가 되었다. 보이지 않는 비교 중독과 명품 중독과 탓 중독에 찜질방 중독에 쇼핑 중독까지 세상에 존재하는 것에 집착하는 이들이 주변에 많은 건 사람들이 그만큼 벅찬 삶을 살아가다 보니 자신만의 것에 사랑을 쏟고 받으려 할 수도 있다고 본다. 어쨌든 뭐든지 모자라지도 말고 넘치지도 말자.

유무를 떠나서 요즘 시대에 중독성은 크게 이례적이지 않을 수도 있다. 하기야 나만 봐도 그렇다. 가끔 아내가 대놓고 쓴맛 나는 말을 내던진다.
"글을 쓰면 돈이 나와요? 돈도 안 되는 거 왜 붙잡고 늘어지는지. 노년에 취미로 즐기면서 쓰지, 아주 목숨을 걸고 한 우물을 파요. 쯧쯧쯧."
아내의 혀 차는 소리를 자주 듣는 나도 글쓰기 중독자라는 사실을 부정할 수는 없다.

새삼스레 택시만 타는 승객의 마음을 조금 알 것 같기는 하다. 집착보다는 적정한 관심과 필요한 만큼의 사랑이 담긴 중독자가 좋을 듯하다. 글쓰기에 빠진 내게 건네는 아주 딱 좋은 적당한 조언이다.

맞거든
그때 오세요.

　옛 속담에 좋은 일엔 마가 낀다는 말이 있다. 택시 운행도 어느 날은 승객이 계속 승차하면서 목적지가 승객 많은 장소나 간선도로로 이동하는 승객이면 이른 시간에 많은 수입을 올리기도 한다. 어느 때는 운행 시작부터 사람 진을 빼서 기진맥진하게 만드는 승객이 타거나 도착 장소마저 빈 차로 골목길을 한참 돌고 돌아 나와야 승객을 태울 수 있는 큰 도로가 나오는 경우가 종종 있다. 택시 영업은 말 그대로 운수 사업이라는 말에 동조한다. 운이 너무 좋아도 교통 딱지를 끊거나 카메라에 찍히기도 한다. 말 그대로 인간의 마음이 급하게 작동하기 시작하며 평정심을 잃기 때문이라는 걸 후일 알았기에 난 나름대로 마음을 조정하는 편이다. 자신을 조절하지 못하는 경우 사달이 일어나는 경우를 많이 겪었다.

　사람 사는 것도 같다고 보며 집에서 새는 바가지는 들에 가서도 샌다는 말도 있다. 그러기 전에 땜질을 잘해야 오래 쓴다. 이런 말을 하는 이유는 며칠 전 겪었던 아주 불쾌한 기억 때문이다. 약 두 달

남짓 전 칠월 어느 날이었다. 주말 이른 새벽에 명동 근처에서 몇몇 승객이 여기저기 서서 택시를 향해 손을 들고 있었다. 가운데 나이가 제법 지긋한 승객이 있어서 그 승객 앞에 택시를 세웠다. 운전석 옆자리에 앉자, 술 냄새가 금방 작은 공간을 꽉 채웠다.

"어디로 모실까요?"

"불광동 갑시다."

"네, 알겠습니다."

마음에 드는 도착지는 아니었지만, 출발을 서둘렀다.

"내가 승차 거부를 26번 당했소. 당신은 어떻게 생각해?"

승객 말투에 감정이 잔뜩 실려 있어 아차 싶었다.

"제가 부지런히 모셔 드릴게요."

그는 듣고 싶지 않은 욕으로 목소리를 높이기 시작했다. 감당할 생각이 나질 않았다. 그저 도착지에 빨리 가는 게 우선이었다.

"왜 대꾸가 없어? 네가 그렇게 똑똑해?"

말이 끝나기 무섭게 그의 오른손이 내 오른쪽 눈 주위를 때렸다. 끼익 소리와 함께 택시를 급정차시켰다. 마침 서대문 고가 아래 독립문 근처에 대기 중이던 순찰차가 사이렌 소리를 내며 택시 뒤에 붙어 섰다.

"무슨 일이에요? 택시 기사 아저씨 맞았어요?"

고개만 끄덕였다.

승객은 경찰관이 보는데도 주먹으로 내 뒤통수를 때렸다. 경찰관은 승객을 현행범이라며 경찰차에 태우더니 나에게 당시 충정로 지구대로 따라오라고 했다. 오른쪽 눈이 아팠지만 '어휴, 오늘도 망했다.'라는 생각이 아픔도 잠시 잊게 했다. 한마디로 더럽게 재수 없는 날이 된 것이다. 파출소에서 조서 쓰고 다시 서대문 경찰서 형사과로 가서 담당 형사가 올 때까지 승객과 분리되었다. 시간이 어느 정도 흐른 뒤 형사가 날 찾았다. 승객은 내가 자해한 거라고 진술했다고 한다. 형사는 말도 안 되는 소리인 줄 알고 있다며 고발하겠느냐고 물었다. 현실은 할 수밖에 없는 지경이었다. 해가 뜨면 눈이 부을 것은 뻔했다. 담당 형사는 자기가 지정한 날짜와 시간에 맞춰서 진단서를 갖고 오라고 했다.

담당 형사에게 진단서 제출 후 두 달이 되어 갈 무렵, 서부지청으로 조사받으러 갔다. 검사는 내 이야기를 들을 생각조차 없어 보였다. 우두커니 앉아 있는 나를 쌓인 서류 목록 보듯이 눈도 마주치지 않는다. 처벌을 원하냐고 물었고 난 그렇다고 했다. 검사의 말은 이렇다. 버스나 지하철은 대중교통이고 불특정 다수가 사건 현장을 볼 수 있어 잘잘못의 구분이 확연하지만, 택시는 특정 소수의 인원이 타므로 누가 시비의 발단인지를 알 수가 없다고 했다. 그 당시에는 택시에 블랙박스가 없던 시절이었다. 그리고 피의자는 저까지 포함하여 택시 기사 폭행이 16번째라고 말했다. 판사의 판단은 택시 기사 폭행은 구속이 쉽지 않고 벌금형이 분명하기에 피의자와 합의를 봐야 내가 손해를 덜 본다고 한다. 처음 겪는 일이라 어안이 벙벙했다. 검사실에 있던 직원 한 분이 복도에 나와 진단 1주에 80만 원 정도로 합의 보면 된다고 귀띔을 해 줬다. 잠시 생각에 빠져 있던 중에 그 승객이 검사실에서 나와서 합의를 보자고 한다. 서부지청 옆 건물 카페에서 그는 진심 어린 사과를 했다. 150만 원에 합의를 보고 통장 입금을 확인했다. 합의서를 쓰자며 서부지청으로 올라가는 엘리베이터를 탔다. 그 승객은 갑자기 나에게 상소리를 하며 돈 받아 처먹으니까 좋냐고 했다. 진짜 뭐 이런 사람이 다 있지라는 말이 나오기 전에 엘리베이터 문이 열렸다. 검사가 말했다.

"어떤 택시 기사는 수백만 원씩 달라고 난리인데, 아저씨는 착한 분이네요. 고맙습니다. 빨리 서류 정리해서 끝낼게요. 안녕히 가세요."

한동안 어이가 없었다. 세상이 어떻게 돌아가는지 갑자기 눈물방울이 떨어졌다. 맞아서 받은 돈으로 며칠 근무를 못 해서 회사 입금 채우고 진단비와 치료비 빼면 내 손에 남은 건 허망함 그뿐이었다. 오래전 어느 경찰관 말이 떠오른다.

"술 취한 놈은 술 취해서 그런 거고 멀쩡한 기사 양반이 술 취한 놈 두들겨 패면 형사 처벌받아요. 기사 아저씨는 정신이 멀쩡하잖아요."

그래 맨정신인 놈이 정신 차려야지 암, 그렇고말고. 멀쩡한 놈이 정신 차리자. 맞으면 그때 오세요. 참 웃기는 세상이 되어 간다.

술 취한 이도 골라 태워야 할 형편이다. 드라마에서나 볼 수 있는 얼굴에 물 끼얹는 것도, 상대의 얼굴에 담배 연기를 뿜어도 폭력 행위로 형사 처벌이 가능하고 심한 상소리는 모욕죄에 해당한다. 사람이 서로 간의 지켜야 하는 상식을 설정해서 법으로 만들었다. 사람을 위한 법이기에 사람으로서 지켜야 하는 법이다. 참 추하게 늙어 가는 가해자의 모습에 잠시 찡하게 아프기는 했다. 나도 늙어 가지만 늙었다고 측은하게 여기지는 말자. 늙은 자존심의 찌꺼기 냄새가 더 독할 테니까, 자고로 부모와 어른은 자식뿐 아니라 젊은이들에게도 거울이면서 나침반 같은 존재임을 잊지 말았으면 좋겠다.

현행법은 코에 걸면 코걸이, 귀에 걸면 귀걸이가 된다. 법적인 대중교통 수단은 버스와 지하철과 기차다. 택시는 대중교통수단이 아니다. 그렇다면 국가에서는 왜 콩 나와라, 뚝딱 팥 나와라, 뚝딱하면서 택시 업계에 간섭하고 있는지 모르겠다. 택시 기사인 나도 현실이 어떻다는 걸 아는데 도대체 탁상행정은 언제까지 저럴까 싶다. 혓바닥만 차고 말았다.

다른 나라 법은 모르겠지만, 똑똑한 사람 많은 대한민국엔 도대체 이해가 안 되는 법이 왜 이리도 많은지 모르겠다. 법은 시대에 맞춰 모든 이에게 평등해야 하는 게 맞는다고 본다. 가끔 텔레비전을 통해 본 뉴스에서는 죄지은 자, 즉 가해자가 큰소리치는 나라가 되었다. 사람을 죽여도 가해자는 인권 보호 대상자고 피해자에게는 인권 자체가 없다. 본인들에게 직접 피해가 생기면 어쩔 것인지 궁금하다. 오래된 법부터 현실에 맞게 고치는 게 정답이다. 내 생각엔 법은 하여서는 안 된다는 게 법이어야 한다. 할 수 있다는 법은 해도 되고 하지 않아도 된다고 해석할 수 있다. 이 얼마나 어정쩡한 법이 아니고 무엇인가. 사회에서 지도자이고 윗사람이라는 자들이 야비하게 법을 피해 부정을 저지른다. 잘잘못에 대한 진실한 마음을 보인다면 그 사람은 후대에 옳은 정신을 가진 진정한 사람이었다는 칭송을 들을 것이다. 법을 관장하는 이들이 정작 법질서를 깨트린다. 800원 횡령했다는 고속버스 기사를 해고한 회사가 정당하다는 판결이 있는가 하면, 모 검사가 85만 원가량의 돈을 수수한 죄는 무죄라고 판결한 판사도 있다. 법에 대한 지식이 부족하더라도 최소한의 잘잘못을 구분하여 분개하는 대한민국 국민 모두를 우롱하며 바보로 봤던 그 판사는 떳떳하고 당당하게 대법관이 되겠다고 국민 앞에 섰다. 그렇다면 내가 할 일은 그저 그런 그들을 보며 싱긋 웃어 주는 일밖에 없다.

죄는 삼대에 걸쳐 받는다는 옛말도 있다. 옳다는 것은 언제나 변함없이 결과도 옳으며, 정의는 후일에라도 밝혀진다는 것을 우리는 알고 있다.

고집부리다 탈 나지

계절이 바뀌는 간절기에 적응하지 못하면 건강을 해칠 수도 있다. 가까운 이의 건강 신호등에 빨간불이 켜졌다는 소식을 들었다. 나 역시 십여 일 동안 가슴이 아픈데도 버티며 병을 키우다가 병원을 찾았더니 왼쪽 가슴 늑막염이라는 진단받았다. 환절기 질환에 노출되는 시기라며 주의하라는 주치의의 말도 들었다. 육십 년 살아온 인생이라지만 큰소리쳐 봐도 몸 구석구석 안 아픈 곳이 없는 나이가 된 게 맞다.

월요일이면 새벽부터 병원을 찾는 이들이 많다. 진료 전에 해야 할 일이 있어 복잡한 시간을 피해 미리 준비하러 간다고 한다. 아버지도 새벽에 병원에 가서 대기하시곤 했던 기억이 있다. 대학로에 있는 서울대병원은 차량이 수백 미터 길게 줄을 선다. 특히 나이 지긋하신 분은 인내심을 단련 받는다. 운동깨나 하던 육십 대 동네 사람이 두 달 전부터 병원에 다니더니 갑자기 죽었다는 말을 들었다. 오랫동안 헬스장과 등산하러 다니며 건강 자랑이 많았던 사람이었다. 잔뜩 찌푸린 하늘이 굵은 비라도 흠뻑 쏟아부을 것만 같다. 아흔에 돌아가신 외할머니가 팔다리가 편찮으시면서도 병원 가자고 하면 했던 말이 생각났다. '뼈다귀 아파서 안 죽어. 속 아파야 죽어' 중얼거리시던 외할머니 말이 내가 살아 보니 딱 맞다.

 출근길 승객을 태우고 광명시에 들어섰다. 승객이 내리기 바쁘게 호출 예약이 떨어져 LH 아파트 단지로 들어섰다. 일흔은 족히 넘는 승객이 양복을 반듯하게 받쳐 입고 손을 흔든다.
 "천천히 타세요. 선생님"
 "고맙습니다. 서울대병원 부탁합니다."
 노 승객은 천천히 말을 이어갔다.
 "건강만큼은 누구보다도 자신했는데 나 역시 나이는 이길 수 없나 봅니다. 몸에 이상이 생기면 몸 자체가 미리 알려주더라고요. 내가 진단하고 처방했으니 그 오만함이 결국 내 몸을 추스를 수 없을 정도로 방치하는 꼴이 되었네요."
 "지금이라도 의사 처방에 잘 따르시면 속히 완쾌하실 겁니다. 의료기도 좋고 의술도 엄청나게 좋아져서 치료 방법도 많다고 하더라고요. 제가 지난주에 태운 승객의 아버지도 급히 수술할 지경이 되었다고 하더라고요."
 병원에서 근무하는 이들은 병원에 따라 다르기도 하지만 대다수가 이른 시간에 교대한다.

지난 주말 새벽 시간에 분당 서울대병원으로 출근하는 근무자를 태우고 갔다. 내겐 운이 좋아서였는지 병원 현관 앞에 조급해 보이는 여성 승객이 기다리고 있었다.

"퇴근하시나 봅니다."

"아니요. 아버지가 병원에 입원해서 잠시 집에 다녀오려고요."

"큰 병은 아니시겠죠. 너무 걱정하지 마세요."

"아닌 것 같아요. 주치의 선생님이 힘들 것 같다고 하셔서."

여성 승객의 말끝은 점차 흐려졌다.

"아버지가 운동도 좋아하셨지만, 건강도 꼼꼼하게 챙기시는 줄 알았죠. 여태껏 병원이라고는 다녀보신 적이 없었어요. 정기 검진 검사도 때 되면 받으라 하셔도 알았다는 짧은 답만 하셨어요. 가족들은 당연히 잘 알아서 하셨으리라 믿었는데 건강 검진을 한 번도 하지 않은 거예요."

"워낙 의료기나 의술이 좋고 이 병원은 대한민국 최고의 병원이잖아요. 걱정하지 마세요. 빨리 완쾌하실 겁니다."

"급성 혈액암이라 쉽지 않다네요."

승객에게는 이미 어떤 말도 필요 없는 것 같아 내비게이션에 집중했다.

간절기엔 병마가 찾아들고 이승 보따리 챙길 일이 많아진다는 어른들 입담이 생각이 났다. 병원 근처엔 아예 가지 않는 사람도 병원을 제집 드나들듯 드나드는 사람의 말도 똑같다. 세상 무엇보다도 건강이 최고라고 한목소리를 낸다. 사람의 몸은 한 번 망가지면 백

퍼센트 회복이 불가능하다고 한다.

 어느 집이나 비슷할 것이다. 오랫동안 병치레를 했던 내 아버지는 자기 확신과 자기 사랑에 귀동냥으로 들은 정체불명 한약재를 자주 사 먹고 병을 키웠다. 가족들이랑 의논 없이 복용한 결과는 면역 저하였다. 치료는커녕 합병증으로 식욕 부진에 수면 장애와 우울증까지 겹쳐 일주일에 두세 번 병원을 찾거나 장단기 입원을 반복해야 했다. 약을 잘못 사용한 대가와 빨리 낫겠다는 급한 생각에 약을 과다 복용하여 가족에게 고통과 슬픔을 안겼다. 이와 반대로 사십 대부터 당뇨에 시달렸던 양어머니는 식사량 조절과 운동 그리고 당신이 지녔던 삶의 집념까지 전부 포기했다. 나이 들수록 당신은 별거 아닌 것 같은데 왜 그럴까 할 정도로 철저하게 자기 관리를 했다. 당신의 몸이 조금이라도 이상한 신호를 보내면 바로 병원으로 직행하곤 했다. 두 번의 어려운 수술도 잘 견뎠다. 결과는 여든이 넘도록 합병증 없이 여전히 건강하셨다. 치료도 중요하지만, 후유증이 더 크다는 것도 알게 되었다. 부족하면 부족한 대로 적응하며 살아가는 것도 사람에게 주어진 특혜 아닐까 싶다.

 불청객 정도로만 여겼던 감기는 모든 병의 시작이라고 한다. 우리 눈에 보이지도 않는 바이러스에 지구촌이 들썩이면서 사람들이 죽어 나갔다. 지구에 사는 유기체는 한 몸이란 것도 알게 되는 계기가 되었다. 우리 몸이 보내는 건강 적신호를 젊어서는 절대 모른다는 게 나이 든 이의 한결같은 말이다. 너도 늙어 봐라. 내 나이 되어 봐

라. 사람의 몸은 세월 따라 변한다. 건강 센터에서 보낸 건강 정보는 지키기 힘든 약속과도 같은 것이 많다. 건강을 잃게 하는 가장 큰 원인은 개인의 잘못된 생활 습관이라며 건강에도 규칙이 필요하다는 전문가의 말이다. 즉 아침 시간에 스트레칭 10~15분을 꾸준히 지키면 건강에도 녹색등이 켜진다고 한다.

자녀나 가족의 몸에 이상이 생겼을 때 즉시 병원에 가야 하는지, 병원에 간다면 응급실로 가야 하는지, 동네 병원으로 가야 하는지, 또한 약국에서 약을 사 먹으면 충분한지 알 수 없을 때가 많다. 신속히 대처할 수 있는 시스템이나 의학적인 조언이 필요한 기본적인 책자를 나누어주든지, 별도의 교육이 있었으면 좋겠다.

건강엔 누구도 자신을 가지면 안 된다. 자기가 진단하고 처방하는 어리석은 짓은 그만했으면 좋겠다. 고집부리다 탈 나면 고생이다. 가족 중 한 사람이라도 건강이 탈 나면 가족 모두가 힘들고 버거워진다. 긴 병에 효자 없다는 말에 돌아가신 아버지가 유난히 생각나는 하루였다.

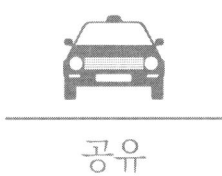

공유

 낮은 길어지고 밤이 짧아졌음을 차창을 통해 본 어둑새벽이 알려준다. 아침 출근 시간에는 미지근한 햇살이 차창에 와 닿고 한낮 햇볕은 따가운 눈치를 보낸다.

 "어서 오세요. 천천히 타세요."
 "고마워요. 빨리 타라고 해도 빨리 못 타요"
 "어디로 가실 거예요. 어머니"
 "○○○병원 갑시다."
 "병원 예약하셨어요."
 "죽지도 않고 아프기만 하니까 에그."
 "팔십 년 쓰셨으면 오래 쓰셨지요. 젊을 때 그만큼 많이 쓰셨잖아요. 연세가 있으시니까, 당연히 아프신 거지요."
 "자식들 걱정할까 봐, 아프지 말아야 하는데 말이요."
 "혼자 못 다니시는 분도 많으세요. 혼자서 잘 다니시네요. 그것만 해도 고마운 거죠."
 "맞는 말이야, 꼼짝도 못 하고 누가 도와주지도 않는다면 죽는 게 낫지."

 늙은 몸을 추스르며 말끝이 흐려진다. 나도 어르신도 공통의 관심사는 건강이며 거기에 따른 실천이 가장 중요한 게 건강관리인 것 같다.

"어서 오세요."
"역삼동에 갈게요. 자고 있었는데 빨리 나오라고 닦달입니다."
"주말인데 친구들 만나면 좋죠."
"술값 없다고 나오라는 건 아니지만, 요즘은 거의 1/n 합니다."
"하긴 택시비도 사진 찍어 보내더라고요."
"그렇죠. 서로가 힘든데."
"서로 다독이고 이해하는 친구가 있는 게 좋죠. 남자들은 그 맛에 사는 것 같아요."

 늙으나 젊으나 사람은 공동생활을 즐기는 공통점이 있는 포유동물이다. 홀로라는 시각엔 다른 견해도 있지만 난 자기를 가두는 요람이라고 생각한다.

"아저씨, 약속이 급해서요. 내비게이션에 몇 시 도착으로 나와요? 12시까지는 도착해야 하는데요."
"부지런히 달려갈게요. 출근하시나 봐요."
"아니요, 머리 손질하러 가요. 제 머리카락이 반곱슬머리라 다루기가 힘들어요. 지금 가는 곳이 편하고 마음에 들게 잘해요."
"맞아요. 머리 손질도 마음에 드는 곳이 있어요. 저도 머리숱이 뻣

뻣해서 여태껏 짧게 깎다가 나이를 먹으니까 보기가 안 좋다고 해서 이렇게 파마에 투블럭컷으로 다듬고 다닙니다."
"그래서 파마하셨구나. 멋져 보이십니다."
"미장원 한 군데만 오래 다닙니다. 그래서 손님이 멀리까지 머리 하려고 가는 것에 충분히 공감합니다."
"고맙습니다. 이야기하다 보니 벌써 도착했네요. 감사합니다."
 서로의 민감한 문제도 가리지 않고 대화할 수 있는 택시라는 공간을 가진 난 좋다. 승객과 공유하고 그 의견에 공감한다면 세대를 아우르는 이해와 배려하는 마중물이 되지 않을까 싶다.

 아이와 엄마가 나란히 서 있다.
"어서 오세요."
 엄마는 빨리 타라는 소리 없는 채근을 한다.
"천천히 타세요."
 아이 편에서 보면 당연히 내가 낯설기에 쳐다보면서 주춤거리게 된다. 승차가 늦은 아이를 나무라는 보호자가 생각 외로 많다. 아이는 늦고 어르신도 늦다. 그네들이 늦다는 건 지극히 당연한 사실이다.
"공주님, 어디 가세요."
"롯데백화점이요."
"와 좋겠다. 문화센터 가요?"
 반짝이는 아이의 눈은 내 눈을 바라보며 고소하고 달콤한 목소리로 말한다.
"네."

아이는 배시시 웃는다. 아이는 자신에게 관심을 준 낯선 사람에게서 뭔가의 공통점을 찾았기에 웃었을 것이다.

방금 헤어진 친구와 아직도 할 말이 남았나 보다. 쉬지 않고 재잘재잘 킥킥 웃는 얼굴은 행복한 게 확실하다. 이성 친구라면 사랑에 푹 빠진 게 분명하다. 굵고 짧게 말해 젊은 날에는 친구가 전부였던 나였다. 그 마음을 알기에 내비게이션 따라 부지런히 목적지로 향했다. 드디어 목적지에 도착했다. 갑갑한 공기가 빠지게 차창을 다 열었다. 이어진 전화 통화로 인해 승객과 작별 인사도 나누지 못했다.

승객은 나에겐 삶의 한 부분이 되었다. 나는 택시라는 작은 공간에서 나누고 더해 주는 이야기를 글로 쓰고 있다. 동녘 하늘이 구름을 걷어내고 햇살을 비추고 있다. 삶이란 겪었고, 겪고 있으며, 겪을 일이다. 꽉 막힌 상극의 현실에서도 승객과 공통점을 찾아 대화를 할 수 있음은 서로가 손을 잡을 수 있다는 희망으로 써야겠다. 지금처럼 빠른 시대는 남자와 여자, 신세대와 구세대 그리고 빈부의 격차라는 갈등을 던져 서로에 대해 갈라치기가 유행이다. 재촉하는 시간과 팍팍한 인심은 수고한 만큼의 대가조차도 보장 못 받으며 옳고 그름마저도 흐트러진 상황으로 이끌었다. 돈이 우선이 된 세상이 부패와 안이함 그리고 이기심과 거짓이 뒤섞인 상술로 이중적 마음을 만들어 냈다. 하려는 자와 듣지 않으려는 자, 바라보는 자와 회피하는 자들의 행동은 보이는데 마음은 천릿길인 상반된 모습도 보이는 게 안타깝다.

배고프던 내 어린 시절에는 먹는 게 최고였는데 현실은 돈이 우선이라고 한다. 삼월 밤하늘엔 한 움큼 베인 초승달이 웃는다. 그렇다. 악한 이보다는 공평한 이들이 많고 부정보다 긍정이 좋으며 거짓보다는 정직함이 옳다는 것은 모두가 안다. 그러한 이들이 많아져야 오늘의 대한민국은 바삐 움직일 수 있을 것이다. 노블레스 노마드족이 늘어나는 시대에 노블레스 오블리주와 같은 사람들이 더 많아지기를 진심으로 기원한다.

택시 승객과 이야기를 나누면서 공통점을 찾아 듣고 의견을 건넨다. 공감대를 형성할 수 있는 지식 정보도 충분히 갖추기 위해 틈틈이 공부도 한다. 서로 삶의 흔적에 대해 공유가 가능하기에 대화를 바라는 승객도 다수 있다. 대화 자체를 싫어하거나 피곤함에 절어 쉴 시간이 필요하거나 바쁜 일상에 대화가 몸에 배지 않은 사람도 있을 테니까, 억지로 대화를 권하지는 않는다.

노력한다고 해서 다 성공하지는 않는다. 하지만 성공한 사람은 다 노력했다는 걸 기억하라는 좋은 말이 떠올랐다.

혼자 잘해 주고 상처받지 말라는 말도 있다. 대화도 소통도 공유도 중요하지만 서로의 존중이 우선이다. 원활한 대화로 꽃 피고 새가 울고 시냇물이 소리 내어 흐르는 좋은 계절과 같은 날이 오길 기다리자. 나 역시 그때쯤이면 더 아름다운 글을 쓰고 있을 것이다.

올빼미 마을

 운행 준비를 위해 핸드폰을 켰다. 카카오톡 호출이 바로 뜨더니 지워지질 않고 선명하게 박혀 있다. 승객과는 거리는 좀 멀었다. 수락을 누르고 핸들을 붙잡았다.

 오늘 첫 승객이다. 어둠이 내려앉은 골목 입구에 여성 승객은 나와 있었다. 동대문 패션 시장 가시는 승객이다.
 "어서 오세요. 동대문 기동대 가시는 거죠."
 "아저씨, 늦어서 그런데 조금 빨리 가 주세요."

 삼월 시샘 바람이 차가워서 그런가, 도로엔 지나치는 차량도 별로 없다. 인도에도 가로등만 환하다. 경찰 기동대는 청계천 청평화시장 근처에 있는데 서울 시내에서 유일하게 새벽마다 차가 꽉 밀리는 곳이다. 코로나 이전엔 동대문 패션 거리에 오면 형형색색 뒤죽박죽인데도 많은 사람이 용케도 요리조리 잘도 피해서 다니는 것을 보면 신기할 뿐이다. 차량도 오토바이도 손수레도 자주 왔다 갔다 하는데 부딪힘이 없다는 것도 신기했다. 서로의 행동을 기막히게 조절하면서 다니는 모양이다. 지방에서 물건 하러 온 상인과 중국 사람까지 태풍에 일렁이는 파도처럼 쓸려가고 밀려온다. 진짜 정신없는 곳이고 밤에만 장사하는 곳이라 난 이곳을 올빼미 마을이라고 부른다. 대낮 같은 불빛에 무표정한 얼굴로 바쁘게 움직이고 뛰는 이들이 모여서 더 바쁜 동대문 패션 시장이었다. 그때는 이곳에 오면 무조건 승객이 탔다.

그러던 곳이 코로나가 덮치면서 택시 타려는 손님이 거의 없다. 한산한 시장을 돌아다니기에는 마음도 여유롭지 않다. 패션 거리를 한 바퀴 돌고 또 한 바퀴 돌면서 몇몇 종종걸음 하는 이들을 지켜봐도 소용없다. 정차할 수 있는 곳마다 빈 차 등 컨 택시가 줄지어 서 있다.

승객을 태우려고 빈 차로 세 바퀴를 돌고서야 세 사람의 승객을 태울 수 있었다.
"기사 아저씨, 이태원역 근처요."
"네. 알겠습니다."
앉기가 무섭게 승객들은 오늘을 결산하고 있었다.
"오늘 괜찮았어요? 형"
"초저녁에는 괜찮았지, 한 20 했지, 오랜만에 제법 했지."
"오늘은 많이 한 거네."
앞에 앉은 손님이 말을 잇는다.
"우리는 주문 받은 옷을 배달해요."

뒷좌석 손님이 말을 이어받아 말한다.

"하루 4만 걸음 걸어요. 밤사이에 걸어서 35km에서 40km 정도 걸어요."

"밤새 백 리를 걷는다고요?"

"그냥 평지도 아니고 2층 3층 계단으로 걸어 다녀요. 죽을 맛입니다."

"그럼 수입은 괜찮은가요. 일하시는 만큼 버시나요?"

물어보는 내게 어안이 막혔는지 승객은 말을 끊더니 잠시 후에 말했다.

"20만 원은 밤새우고 고생한 대가치고는 작지 않지요. 그나마 오늘이 많이 번 날입니다."

"가게에 손님이 없어 장사하기가 어려워요."

두 사람은 참았던 말을 하려는지 한강 물이 흘러가듯이 한참을 세상 탓으로 쏟아냈다.

"그래도 한 달 수입은 어떠세요?"

"대충 400~500 정도 벌이는 합니다. 회사원보다는 훨씬 낫죠. 고생스럽긴 해도 말입니다."

"잔돈은 놔두세요. 수고하세요. 돈 많이 버세요."

세 사람이 한꺼번에 말하면서 내렸다.

그렇다. 그들은 가로등을 햇빛 삼아 동분서주 뛴다. 요령껏 재주껏 요리조리 상대방의 몸짓만 봐도 어떻게 할 것이란 게 보여서 곁눈질할 겨를도 없이 움직인다고 한다. 지켜보고 있다 보면 대단하다 못해 경이롭기까지 하다. 신이 인간에게 준 무한대 능력을 패션 시장에서 볼 수 있다. 지지고 볶아대는 통에 잠들지 못하는 청계천은 올빼미 놀이터가 되었다.

　동대문 패션 시장은 평화시장, 신평화시장, 동평화시장, 청평화시장, 남평화시장, 제일평화시장이 운집한 평화시장으로 오래전부터 이어져 내려온 패션 전통 시장이다. 동대문 디자인 플라자를 중심으로 두산 타워 몰, 벨 포스트, DDP 패션몰, 에이 피엠 플레이스, 에이 피엠 맥스타일, 디오트, 해양 엘리시움, 핀 타워, 밀리오레 등 패션 전문 건물도 보란 듯이 즐비하다. 약 삼만 개 점포에 육만 명의 디자이너가 활동하고 있다고 한다. 또한 십오만 명의 사람들이 이곳에서 평생 직업으로 살아왔다고 한다. 특히 패션에 관심이 많은 젊은이가 꿈을 품고 뛰어들어 주야를 가리지 않고 열정을 쏟아붓고 있다고도 한다.

　그 일에 종사하는 사람의 이야기를 잠시 들어보면 예전에는 전국에서 패션에 종사하는 사람이라면 이곳에 와서 밤사이 들쑤시고 다니면서 패션 전쟁을 매일 치렀다고 한다. 분주함 속에서 구슬땀이 섞인 뜨거운 열정으로 치열한 삶의 육탄전이 벌어졌다고 한다. 지금은 인터넷이나 동영상을 통해 주문하고 배송한다고 한다. 지방 상인은 보통 보름에 한 번 정도 단골 매장과 시장을 돌며 패션 시장의 유행하는 움직임을 보고 간다고 한다. 나름의 규칙을 지키며 버틴 패션 시장 상인의 변화는 2세대에서 3세대가 주도하는 과정에 있다.

어떤 일에 매달려 있다는 것은 행복하다. 뭔가 할 수 있다는 건 사회에서 인정받는 것이다. 난 요즘 글쓰기에 도전하려고 마음을 다지고 있다. 어릴 때부터 일기를 또박또박 잘 쓰는 편이고 젊어서는 여행가는 계획이나 경로를 꼬박꼬박 확인하는 편이었다. 지금도 50년대 아버지 일기장을 보관하고 있고 70~80년대 삶의 흔적을 글로 남겨 놓은 일기장도 갖고 있다. 살아오면서 두세 번 밀려온 격랑에 잠시 잊고 있었는데 50대에 들어서면서 뭔가 빠트렸다는 기분이 들어 과거를 되새기는 일이 잦아졌다. 내게 온 하루를 그 가치에 맞게 지내보자는 생각은 늘 머릿속을 뒤집어 놓곤 했다. 패션 시장에서 어떤 이유에서든지 열심히 뛰는 모습은 내 속에 심장이 뛰고 있다는 걸 여실히 느낄 수 있었다. 글쓰기의 출발점을 찾을 수가 없는 건 핑계고 사실은 용기조차 없었는지도 모른다. 또다시 사람들 앞에 나를 드러내기에는 많은 용기가 필요하다는 걸 요즘 새삼스럽게 느끼고 있다. 뜻이 있으면 길이 보인다고 했으니 곧 시작할 수 있으리라. 꽃망울처럼 많은 이들의 꿈을 품고 살아 숨 쉬는 올빼미 마을 평화시장의 활기찬 기운으로 멈칫거리는 나를 정겹게 응원해 주리라.

밤에는 치열한 삶의 현장을 보여 주고 낮에는 언제 그랬냐는 듯이 잠들어 있는 평화시장이다. 인생의 맛을 다 겪어봤으니 앞으로 세계적인 패션 시장으로 성장할 것은 분명하기에 응원의 박수를 보낸다. 늙어 가다가 진한 땀 냄새로 달궈졌던 내 젊은 날이 혹여 그리워질 때면 이곳 올빼미 마을을 찾아오리라. 이곳의 기운이 날 품어 주었고 견디게 했으며 다시, 걸을 수 있게 응원했기 때문이다.

까마귀 고기를 먹었는지

바람이 훈훈하다. 새벽 공기는 사월 중순으로 들어서며 봄 티를 확연히 낸다. 백목련과 자목련이 엊그제 활짝 핀 것 같더니 노랗게 단내를 풍기는 개나리와 수줍은 연분홍빛 진달래가 곱게도 피었다. 하얀 벚꽃이 잊지 않고 올해도 우이천 둑을 따라 옹기종기 솟아오르고 있다. 엊그제만 해도 춥다고 했는데 어느새 햇볕이 따가워졌다. 구경하는 이조차 없는데 꽃들은 서로서로 보듬고 피었다.

회사 차고지를 나서기도 전에 카카오 호출 배차를 받았다. 주차 차량 때문에 골목길을 돌고 돌아 승객을 태웠다.
"어디로 빠져나가야 좋은가요?"
"좌회전해서 조금 가다가 우회전하면 큰길 나와요."
"골목길이라 헷갈리네요."
내비게이션은 선택된 정해진 길만 가라고 요구하며 고집을 피우니 좁은 골목길에서 큰길까지 빠르게 빠져나가는 길은 오롯이 승객의 수신호에 의존해야 무사히 나올 수 있다. 큰 사거리 두 군데를 지나기까지 미터기 누르는 것을 잊은 채 운행했다. 급히 미터기를 작동시켰다. 승객 목적지가 멀지 않아서 금전적 손해는 크지 않았다. 간혹 있는 일이기에 속으론 '어휴' 했지만, 서운한 마음은 오래갔다. 작년보다 올해 들어서는 승객이 타면 출발할 때 미터기 작동하는 걸 잊는 횟수가 잦아졌다. 어휴 정신 바짝 차리자.

한 번은 큰 금액을 손해 본 적도 있었다. 카카오 호출 승객이어도 파란색 자동 결제로 승차하면 예상 금액이 나와 있고 노란색 일반 결제 호출은 예상 금액이 없다는 게 승객이 알려준 답변이다. 강남역 근처에서 경기도 의왕시 승객을 호출로 배차 받았다. 오전 다섯 시가 넘었는데 제법 취한 승객이 승차하자, 걱정이 한숨으로 나왔다. 야간 시간엔 거리 두기로 인해 대다수 업소가 문을 닫는데 주말이면 어디서 술을 마실 수 있는지 진짜 궁금하다. 과천에 들어서면서 시외 할증 버튼을 누르려고 본 택시 미터기는 출발부터 아예 누르지 않고 왔다는 걸 알았다. 얼른 미터기 버튼을 누르고 목적지로 향했다. 승객 깨우는 데만 족히 십 분 넘게 걸렸다. 술 취해서 정신 없는 승객과 다툼하기도 싫어서 미터기에 찍힌 금액으로 계산하고 돌아선 적도 있었다.

자신을 타박하면서 이젠 미터기 누르기를 잊지 말자며 다짐도 했다. 지나고 나서 되돌아보면 승객들 덕을 본 것도 많다. 어느 승객은 운전하다 보면 미터기 켜는 것을 깜빡 잊는 택시 기사가 많다면서 당신이 자주 다니는 길이라면서 백 원 단위까지도 정확하게 결제하시는 고마운 승객도 있다. 나름대로 생각한 방법이 승객이 타고 출발할 때마다 지금 출발한다고 승객에게 알리고 미터기를 누르는 습관을 붙이기로 했다. 그래도 여전히 한 달에 대여섯 번은 미터기 누르는 것을 잊고 운전한다. 사람은 살아가면서 후회만 쌓인다고 하더니 내 후회는 겹겹이 쌓아지고 있다.

정오가 되어갈 무렵 회사 전화번호가 뜬다.
"여보세요. ○○○○호 기사입니다."
"다름이 아니라, 오전 8시 30분경 타신 승객이 카드 결제하고 내렸는데 결제가 안 되어 있어 승객이 카드 회사에 전화로 재결제했다는 연락이 왔어요."
"잠시만요. 확인 좀 할게요."
택시 미터기에 뜬 합계 금액에서 8,200원이 모자랐다.
"금액이 8,200원이 빕니다."
"맞아요. 이따 입금하실 때 알고 계시라고 전화했어요."
"네, 고맙습니다."

미터기에 찍힌 금액과 영수증 기계 금액은 딱 맞아야 한다. 두 군데 금액의 차이는 승객에게 현금 받은 것으로 계산한다. 계산 차이가 나는 돈 8,200원을 내 돈으로 채워야 할 일이 벌어진 것이다. 근무가 끝나고 회사 사무실로 들어섰다.
"아이고, 까마귀 고기를 먹었는지 요즘은 뭘 해도 자주 잊어먹고 재차 확인하는 걸 안 해서 이런 문제가 생겼나 봐요."

"그렇게까지 하는 승객 처음이에요. 제가 대신 감사하다고 인사드렸어요."

"고맙습니다. 앞으로 꼼꼼하게 챙기겠습니다. 그분이 누구인지 알 수 없지만, 승객에게 진심으로 고맙습니다. 승객분 전화번호는 없는지요?"

"승객이 확인 전화만 하고 끊었어요."

"고맙습니다. 기분이 너무 좋습니다. 수고하십시오."

세상인심이 말랐다고는 하지만, 가끔의 실수로 인해 참다운 사람을 볼 수 있어 기분이 너무 좋다. 승객의 따뜻한 마음 씀씀이 덕분에 나도 누군가에게 한 움큼 건네줄 수 있는 여유까지 받아들였다. 아직 우리 사는 세상엔 선한 이가 더 많다는 결과였고 사람은 사람이 언덕이란 걸 다시 느끼게 되었다. 코로나로 모두가 어려워진 환경이다. 서민의 생활이 물레방아 돌듯이 잘 돌아가야 나라가 태평해진다는 옛말이 있질 않던가, 변화도 바로 내 안에 있다.

의류 장사한다는 여성 승객은 다른 이와 통화 중에 듣기 싫은 거친 말을 자주 한다.

"먹고살기가 너무 힘들어요. 그렇죠?"

느닷없이 나에게 말을 걸었다. 이런 행동의 목적은 통화하는 상대방이 들으라는 뜻이다. 한소리 쏘아붙이고 싶었지만, 꾹 참았다. 단지 무얼 먹느냐겠지만 먹고 사는 건 누구에게나 똑같다. 다른 이와 통화하는 여성 승객의 목소리에는 흘러넘친 욕심이 담겼다.

"아저씨, 3,000원 더 드릴게요. 십 분 정도 기다리시면 다시 타고 갈게요."

"아닙니다. 출근 시간엔 호출이 많습니다. 천천히 볼 일 다 보시고 택시를 호출하셔서 이용하세요."

택시미터기를 바꾸지 않고 계속 이용하면 요금이 적게 나온다는 사실을 잘 아는 승객이라는 걸 눈치 빠른 난 깔끔하게 거절했다. 법 위반 없이 내가 할 수 있는 소소한 복수였다. 세상을 혼자 살 수 없다. 나눠서 먹고살아야 형평성에도 맞는다고 생각한다.

60살 넘어 살아갈수록 까마귀 고기를 먹은 것처럼 잊히는 게 많아질 나이다. 인생에서 만 번의 걱정과 후회를 하고 살아간다고 치면 후회와 걱정의 숫자를 줄일 수 있는 만큼 인생에서 좋은 결과를 얻을 수 있다고 생각한다. 웃음이 정신 건강에 좋다고 하니 한바탕 호탕하게 웃어나 봐야겠다.

옛것은
새것의 시작

한창 젊은 시절에는 눈여겨볼 겨를이 없었는데 택시 운행을 하면서 여유롭게 보게 된 서울이다. 계절이 아닌 시대의 흐름에 따라 다른 그림으로 그려지고 있는 서울이다. 오랜 시간의 과거 흔적이 묻은 주택가는 어느 날 지나가다 보면 빙 둘려 쳐진 가림막 안에서 부서져 없어졌다. 코로나에도 상관없이 사람 숫자만큼 많은 차량은 마치 제조 공장 제품처럼 지하 주차장을 뚫고 나온다. 땅거미가 어둑어둑해지면 빌딩 뒤 골목길은 잠시뿐이지만 화려한 불빛 이래 발길은 분주해진다. 유리 건물은 맞은편 서로의 모습을 담고 얕은 건물은 오색 옷을 입는다. 낮과 밤이 전혀 다르게 변신하는 특히 강남 주변은 이중 얼굴의 단면을 확연히 보여 준다.

서울역에서 장년 두 사람이 올라탔다. 신설동으로 목적지를 말한 승객들은 택시에 타면서부터 시작된 얘기는 끝이 나질 않는다. 마스크를 비집고 나온 목소리는 꽤 크게 들렸다. 제지하고 싶었지만 오랜만에 올라온 서울인가 보다 싶어 꿀꺽 침을 삼켰다. 서울은 옛적에 비교하면 엄청나게 변해서 이제는 알아볼 수가 없다며 여기가 어디인지도 모를 지경이라면서 말을 주고받는다.

"우리 서울에 삼십 년 만에 온 거지?"
"여기 고가다리가 없어졌네, 이름이 뭐였지?"
"그땐 청계고가 다리가 멋있었지. 외곽에서 한 번에 광교까지 곧장 왔었지, 산업화 시대의 본보기였었는데 이제는 지난 시간의 산물이 되어버렸어."
"그때는 샛별 보고 출근하고 밤 별 보고 퇴근했었지, 그때는 어떻게 그렇게 일만 하고 살아왔는지, 지금은 웃음만 나와, 지금 그때처럼 다시 일하라고 하면 죽었다 깨어나도 절대 못 할 거야."
"오랜만에 올라오셨나 봐요? 청계 8가에 청계고가 잘린 교각을 기념으로 남겨 놓았습니다. 그 후로 미아 삼거리 고가, 홍은동 고가, 아현고가, 서대문 고가, 서울역 고가, 약수고가, 신설동 고가, 가리봉 오거리 고가도 전부 철거했습니다. 지금은 인천에서 국회로 가는 선유고가 철거 공사를 하고 있습니다. 아직 남아 있는 한남 고가는 민원이 폭주해서 보존 예정이라고 합니다."
"결혼식에 올라왔다가 기사 양반 덕에 별거 다 알고 내려갑니다."
가끔 올라와서 보던 서울의 변화에 두 사람은 익숙해지지 못한 채 멀어져 간다.

내게 기억으로 남은 낯선 도시에서의 젊은 시절은 그저 시계 따라 움직이는 반복된 날들 뿐이었다. 황량한 사업장에서 한 달 동안 일하고 손에 쥔 건 지폐 몇 장뿐이었다. 구름에 달 가듯이 도랑물이 한강으로 흐르듯이 그냥 그렇게 지냈던 젊은 날이었다. 살아야 한다는 거에 익숙한 채 세상일에 관심조차 없이 버티며 살던 날이었고 하루하루 두 손으로 망치만 들고 일만 했던 연속의 시간이었다.

 몇 년 전부터 은평구의 중심거리가 거의 탈바꿈하여 추억의 그림자조차 찾기 힘들 정도가 되었다. 녹번역 부근 산비탈에도 아파트가 꽉 들어섰다. 그다음 해엔 맞은 편 산기슭이 산봉우리만 남기고 아파트가 우뚝 올라섰다. 코로나19가 세상을 덮쳤음에도 성북구와 영등포 그리고 강동구까지 과거의 잔재를 탈바꿈시키려는 재개발로 고층 아파트를 세우고 있다. 예전에는 빈 차로 다녀도 금방 승객이 탔던 장소가 사람 그림자도 보이지 않을 정도로 완전히 바뀌었다. 그것도 소규모 단지도 아니고 아예 한 부분을 다 털어내고 대규모 아파트 단지가 들어섰고, 또 들어설 예정이라는 선전 문구가 보인다. 내가 사는 곳에서 가까운 장위동에도 이곳저곳 아파트가 들어섰고 공사 준비 중인 곳도 여러 곳이다. 서울은 확연하게 바뀌고 있다. 서울에서 오십 년 넘게 살아왔고 택시 기사가 직업인 나조차도 이젠 내비게이션 도움을 받을 수밖에 없을 정도로 바뀌고 있다.

 내 출퇴근길은 쉽게 변하지도 않는데 마스크를 벗고 상점 유리에 비친 난 참 많이도 변해 있었다. 땅 위 모든 걸 휘감는 회오리바람 같은 변화 앞에 방치될 수밖에 없는 내 처지가 한심해 보인다. 사는 게 별거 아니라던데 왜 이리 힘든지, 변화에 익숙하지 못한 자신을 탓해 보기도 한다.

고가 철거로 주변 건물은 시야가 트이고 환경도 밝게 보이는 면도 있다. 대규모이든지 소규모이든지 재개발로 인해 주변 환경은 밝아진다. 1990년 다가구 다세대 주택 활성화가 천만 단위 주택 가격을 억 단위로 올리는 역할을 했다. IMF 이후로 우리나라 화폐 가치가 빠르게 수직으로 상승하며 화폐 단위가 치솟았다. 지금은 조 단위 숫자가 쉽게 쓰인다. 하물며 경 단위가 나올 정도로 경제가 발전한 건지, 화폐 가치가 없어지게 된 건지는 알 수가 없다. 이와 반대로 임대료의 상승이나 주택 가격 상승으로 주거 환경은 확연하게 나빠지고 있다. 돈이 돈을 버는 세상이 되다 보니 아이들 꿈이 건물주라는 뉴스도 봤다. 도시 중심은 비어 있고 외곽은 밀집된 주거 환경이 되었다. 강남역과 잠실역 서울 시청 부근은 경기도 공공 버스가 줄을 잇는다. 손바닥만 한 빈틈을 비집고 하늘 찌르는 고층 빌딩이 들어선다. 도심에 이어 부도심도 삐죽 선 건물이 들어서고 있다. 갈수록 사람 사이 벽만 높아지고 있다. 언젠가는 서울과 경기도 자체 모두가 서울이 될 수도 있고 집값 하락뿐 아니라, 인구 감소 현상으로 IMF보다 더 힘겨운 경제 위기가 대한민국을 초토화할 것이 분명히 보이는 건 IMF를 다시 기억하게 하는 현실과 여러 상황을 종합해 본 내 생각일 뿐이었으면 싶다.

옛것은 새것의 시작이라고 했다. 김장 김치가 묵은지 되듯이 기본적으로 바탕이 있어야 새로움을 설정할 수 있다. 농어촌은 줄어드는 인구로 생산 능력은 절벽인데 정부는 손 놓고 바라만 본다. 생산 지수보다 소비 지수가 높아지는 건 삶의 기본이 흔들리고 있다고 본다.

 탈도 많고, 말도 많은 재건축 과정에 대한 비판도 칭찬도 밑거름일 뿐이다. 아쉬움에 시간을 붙잡고 싶을 때도 있고 버거운 시간은 빨리 지나기를 바라지만, 시간은 멈추지도 뛰지도 않는다. 낡았다고 없애는 극단적 방법보다는 낡은 것의 이용 가치를 높이는 것도 현명한 방법이기도 할 텐데 싶은 아쉬움이 남는다.

 과거는 돌아올 수 없다. 그렇다고 억지로 옛 추억 흔적을 남기고 싶은 것은 아니다. 후세에게 선조의 살아온 자취조차 찾을 수가 없다면 슬플 것 같아 조금이라도 남겨 놓았으면 좋을 것 같다는 바람일 뿐이다.

데이트 폭력

다양한 색의 불빛은 휘황찬란하게 주말 새벽을 물들인다. 시끌시끌한 고성이 바람을 타고 흘러 다닌다. 젊은이들의 넘쳐 나는 애정 표현이 뒤엉킨 곳을 시샘하는 쌀쌀한 바람이 스쳐 지나간다. 모자랄 것 없어 보이는 젊음이 괜스레 부럽다.

술술 넘어가서 술이라고 했다는 어느 주당의 말이 생각났다. 인간의 삶에서 이해타산의 경계가 무너지는 걸 꼽으라면 당연히 술이다. 지위 고하 남녀노소를 가리지 않고 최선과 최악의 선물일 수도 있다. 지나치거나 모자라도 적당한 해법이 떠오르지 않는 문젯거리인 것만은 확실하다. 암튼 술과 담배는 안 할수록 좋다는 건 택시 기사로 일하면서 다시 알게 되었고 실천하고 있다. 술과 관계된 사건이나 음주 운전으로 연관된 사건은 매일 뉴스의 자막을 채운다. 굳이 술이 나쁘다는 건 아니다, 넘치니까 문제라는 것이다.

주말이랍시고 새벽길엔 젊은 친구들이 흥청거렸다. 양재동 가는 승객의 카카오 호출을 받았다. 강남 한복판 대형 술집 근처이기에

이 시간 호출의 대다수는 퇴근하는 밤업소 근무자가 탈 것이다. 술이 잔뜩 취한 여성 혼자 타는 줄 알았는데 내가 보기엔 정신 멀쩡한 남성도 같이 탄다. 연인인지, 밤업소 근무자인지, 구별되지 않았다.
"양재동 서초 우체국 근처입니다."

굵직한 남성 승객의 말에 답변을 못 했다. 왜냐하면 택시가 출발하는 동시에 여성 승객이 남성 승객의 뺨을 쫙 소리 나도록 때렸다. 잠시 후엔 남성 승객이 여성 승객의 뺨을 후려친다. 난 뒷좌석에서 벌어지고 있는 희한한 상황에 어안이 벙벙해서 말을 잃었다. 룸미러로 본 두 사람은 서로의 눈만 째려보고 있었다. 그 순간을 기다렸다는 듯이 여성 승객이 쫙 소리 나도록 남성 승객의 뺨을 또 때린다. 찰나 남성 승객이 여성 승객의 뺨을 다시 친다. 내 머릿속에서는 무슨 일인지, 어떡해야 할지에 관한 판단 속도가 멈췄다. 이십 년 택시 운전 중에 처음 보는 폭행 장면이다. 두 사람의 폭행을 멈출 방법을 찾지 못한 난 택시의 속도를 높이기 시작했다. 일단 목적지에 빨리 데려다주는 게 상책일 것 같다는 생각이 앞섰다. 아니다. 지구대로 먼저 가자, 아니, 신고했다가는 일과를 망친다는 생각에 혼란스러웠다. 뒷좌석 상황이 정말 웃긴다. 좀 덜 마신 남자 승객이 참던가, 술 취해서 횡설수설하면서도 남자 승객을 때리는 여성 승객도 대단했다. 목적지까지 어떻게 왔는지도 모를 정도로 빠르게 도착했다.
"아저씨, 카드입니다. 그냥 모른 척하고 가세요."

남자 승객은 운전석 뒷좌석에 쓰러진 여성 승객을 짐꾸러미 내리듯이 질질 끌어내더니 길바닥에 내동댕이친다. 말 한마디 던질 틈 없이 택시 문이 쾅 닫힌다. 너무 놀란 나머지 얼떨결에 골목길을 살짝 돌아 택시를 세우고 잠시 고민했다. 올바른 판단이 서질 않았다. 잠시 호흡을 가다듬은 뒤 승객이 내린 곳에 가 보니 그들은 없어졌다. 긴 한숨이 자동으로 메마른 입에서 흘러나왔다. 뭣 때문인지 몰라도 난 그들에게 아무 말도 어떤 행동도 못 한 채 방관하는 꼴이 됐다.

  데이트 폭력을 직접 봤다. 누가 옳은지는 모르겠다. 이유가 어찌 되었든지 상대방에게 주먹을 휘두르는 건 정말 잘못되었다. 젊은 층이라고 구분되어선 안 되겠지만, 간혹 젊은 승객의 전화 통화를 들어보면 같이 탄 친구한테도 상소리로 대화를 시작한다. 상소리도 언어폭력이라고 이렇게 선을 긋고 있는 나 역시 20대에는 상소리를 입에 달고 살다시피 했다. 건설 현장에 다니다 보니 더 심했다. 자식을 키우는 사람이 입이 그렇게 거칠어서 되겠느냐면서 고칠 수 없다면 밖에선 하고 집에선 한마디도 하지 말라고 아내는 강력하게 말했다. 그때부터 난 말을 조심하게 되었던 거 같다. 난 현실을 언어 상실 시대라고 부르고 싶다. 텔레비전 뉴스에서나 보던 사건이 내 눈앞에서 현실로 벌어질 줄이야 누가 알았겠는가, 아직도 가슴이 쿵쿵 뛰지만 무슨 이유이든지 폭력은 절대로 해서는 안 된다.

  언젠가 들었던 동료 기사 말이 생각났다. 승객들 언행에 관심 두지 말고 태웠으면 목적지에 빨리 내려주는 게 우리 밥벌이라면서 그들 사이 끼어들어 봤자 결과는 내 손해라는 말이었다. 그 말이 옳은 선택일지도 모른다. 끼어들어 봐야 돌아오는 건 내 손해뿐이라는 걸 나 역시 몇 번 겪었다. 현실을 보면 끼리끼리가 전부인 이기주의라 할 수도 있고 오롯이 자신뿐이라는 개인주의 시대일 수도 있다. 인간은 집단으로 모여 사는 데 익숙하다는 인류학 전문가의 글을 어디선가 본 적 있다. 반대로 본다면 이기적이거나 개인주의 성향인 사람은 일반적인 다른 사람에게 보이지 않는 폭력을 행사한다고 볼 수도 있다. 갑질에 더 갑질인 꼴불견 사람들 또한 폭력적인 게 맞다. 뻔한 거짓으로 이익을 추구하는 반사회적인 사람들도 보이지 않는 주먹을 휘두른 게 맞는다고 할 수도 있다. 오래가지 않아 밝혀질 게 보이는데도 사람들은 '아니면 말고' 식이거나 모르는 척 언어와 폭력도 행사한다. 어리고 여린 혀가 비수로 변해 찌르고 있다. 인성의 향기를 잃어버리고, 사람이기를 거부하는 모양새를 자주 보게 되는 요즘이다. 내 주변 사람들은 안타까워도 어쩔 수 없다며 시대의 흐름이라고 치부하려 한다. 그래도 우리는 서로를 위해 나서야 한다는 게 늙은 내게 묶여 있던 생각인데 오늘은 생각이 따르지 못한 행동마저 벗어나 버렸다. 비록 바보 같은 짓이 될지언정 최대한의 노력을 해야 했는데 나부터 피하고 말았다. 나를 자책하며 앞으로는 나 자신부터 진정한 사람으로서의 회복을 시작해야겠다는 생각을 다시 해 본다.

사람의 겉과 속을 판단하지 못하는 백내장 환자 같은 이들이 급속히 늘고 있다. 사람들이 만든 질서와 예절은 위아래 가릴 것 없이 진작 발자취를 감췄다. 끔찍하게 변한 사람이 점점 많아지고 있다.

 사실 운전하기보다는 승객과의 관계가 더 힘들어지는 요즘이다. 어느 기사는 묻는 말 외는 아예 모른 척하라고 권한다. 그러나 사람은 둥글게 살아가야 한다.

 살아가려면 존재해야 하고 존재하기 위해서는 각자의 존재를 인정해야만 한다는 게 내 생각이다. 그 존재의 의미를 찾기 위해 오늘 하루가 나에겐 꼭 필요하고 승객과의 다양한 대화를 통해 서로가 기댈 수 있는 의지의 발판이 된다고 본다. 사람을 대하는 의식 개선이 확실하게 필요한 요즘 시대이다.

평생 취준생

나는 주어진 하루마다 늘 새롭게 살아보려고 노력한다. 봄을 데려온 바람처럼, 여름에 쏟아붓는 장대비처럼, 서서히 익어 가는 모든 것의 가을처럼, 새하얀 백지를 펼쳐 주며 다시 그려 보라는 겨울처럼, 세상이 주는 대로 살아가는 숙제도 버거울 것 같다. 그저 후회한다는 숫자 하나만이라도 줄일 수만 있으면 좋겠다. 쓸데없는 잡생각에 잠을 설친 채 무거운 눈꺼풀을 들어 올리고 출근길에 나섰다.

신기하게도 핸들만 잡으면 난 기분이 좋아진다. 친구들은 역마살이 있어서 그런다고 놀린다. 틀린 말은 아닌데 정답도 아니다. 어릴 적부터 혼자 살아왔기에 속 모르는 이들은 날 보면 자유로운 영혼이라고 했다. 내 속을 다 보여 줄 순 없지만, 솔직히 말하자면 외로워서 그리워서 누군가라도 만나야 숨통이 트일 것 같아 바깥으로 돌아다닌 게 습관이 된 것뿐이다. 혼자 먹는 밥상에 숟가락 하나 더 얹어 둘이서 벌면 더 잘 살 수 있을 거라는 생각에 내 나이 스물한 살에 아내와 결혼했다. 일 년 후 큰 아이가 태어났다. 계획대로 되지는 않았지만, 나름으로 열심히 살았다. 뒤돌아본다면 쉽다는 표현이 들어

갈 만큼 쉬어본 적이 별로 없었고 직장마저 자주 옮겨야 했던 현장 작업이라 나의 젊은 시절은 늘 취준생이었다.

 내가 '늘 성실이 우선'이라는 신념을 다시 가지고 된 이유는 역시 IMF로 인해 파산 직전까지 갔던 내 인생의 주저앉음에서 얻은 결과다. 현재 근무하는 직장에서도 몇몇 기사들은 나보고 독한 인간이라고 한다는 말을 듣는다. 난 연차도 안 쓴다. 쉬는 날만 쉬고 결근은 단 하루도 안 한다. 변함없이 정한 그 시간에 출근하고 거의 비슷한 시간에 어김없이 퇴근한다. 회사엔 특별한 일 아니면 머물지 않는다.

 출근하는 첫 승객이 타기를 은근히 기대한다. 한양대 병원 출근하는 승객의 호출 배차를 오랜만에 받았다.
 "안녕하세요. 오랜만에 뵙네요."
 "네."
 그는 목적지 가는 내내 유튜브에 빠져있다. 서로가 서로에게 말이 필요치 않다. 그래도 그 시간에 몇 년째 출근하는 그가 멋있다. 도착과 동시에 호출 배차를 받았다. 한양대학교 생활과학관 앞이다.
 "어서 오세요. 대치역 가시는 거 맞죠?"
 "맞아요. 공부하다 늦었어요."
 "사회 생활하는 선배한테 물어보세요. 공부가 쉬운지 돈 버는 게 쉬운지, 아마 돈 버는 게 더 어렵다고 할 겁니다. 이왕 하는 공부라면 집념보다는 강한 집착을 보여야 목적을 이룰 수 있다고 생각합니다."
 "제게 와닿는 말이네요. 집념도 아닌 강한 집착이 있어야만 원하는 것을 얻는다는 말이 딱 맞네요. 깊이 새길 좋은 말이었어요."
 가끔 하지 말아야 할 말을 하는 내가 싫기도 하다. 굵고 짧으면 위로나 격려의 말로 좋지만, 가늘고 길어지면 잔소리가 된다.

 청년 두 사람이 탔다. 두 사람의 대화는 그저 평범한 청년들의 신상 이야기로 이어지고 있었다. 오전 여섯 시가 안 되었는데도 벌써 차들이 줄지어 가다 서기를 반복하기 시작했다.
 "현장으로 가시나 봐요."
 "네."
 "아르바이트하시는 거예요?"
 "아니요. 건축 기술 배워서 평생 직업으로 가질 생각입니다."
 "젊은 분들이 쉽지 않은 결정일 텐데, 정말 진심으로 응원합니다."
 "고맙습니다. 이것저것 기웃거려 봤는데 세상 눈치만 보다가는 평생 취준생이 되겠더라고요. 그래서 저희 둘의 생각이 같아서 깊은 의논 끝에 결정했어요."
 "작년에 탔던 젊은 친구도 군대 전역 후에 아버지가 하시는 미장일을 배우면서 삼 년이 지난 지금은 기술자 대우를 받는다고 하더라고요. 그 사람이 더 재밌게 말했던 건 주변 친구들이 어떻게 돈을 버냐고 묻기에 아버지 따라다니며 미장일한다고 했더니 친구 다섯 명이 자기들도 하겠다며 달려들었대요. 그런데 일주일도 안 되어 다섯 명 모두 그만두었대요. 너무 힘들다고요."
 "맞아요. 쉽진 않아요. 저희도 처음엔 힘들었지만 이젠 견뎌내고 숙달되어서 할 만해요. 사실 수입도 괜찮고요."

"어떻게 시작하셨어요?"

"인력 사무소에서 일 나갔다가 열심히 한다고 현장 사장이 잘 봐서 계속 다녀요."

"여자 친구는 뭐라고 하세요?"

"여자 친구요? 당연히 잘했다고 응원하지요."

"최고로 아름답고 멋진 여자 친구입니다."

그들은 환히 웃었다.

"같은 하루여도 새롭습니다. 성실하게 일하시고 다치지 마세요. 응원합니다."

내려서 걷는 그들의 뒷모습이 건강해 보였다.

한국인은 원래부터 부지런하고 성실한 민족이다. 작은 톱니바퀴가 큰 톱니바퀴에 맞물려서 재빠르게 돌아가던 대한민국 사회가 어느 땐가부터 무뎌지고 떨어져 나가면서 여기저기서 시끄러운 소리를 내기 시작했다. 화려한 간판을 덧붙이려는 이들이 점차 늘어났고 힘든 일은 꺼리면서 필요한 곳에서는 사람을 구할 수 없다고 한다. 똑같이 일하는 한국인만큼 돈을 지급해야 외국인 근로자를 구할 수 있고 그들도 임금을 당당하게 요구하고 있다고 한다. 이른 시간에 대림동과 시흥동에 가면 외국인 근로자가 타고 남구로역 부근으로 간다. 전에 비해 많은 숫자가 줄어들었지만, 꽤 많은 차량이 줄지어 서 있다. 그들의 이야기를 들을라치면 한국인 인력 업체는 끼지도 못한다고 한다. 거의 조선족이 운영하는 인력을 통해 현장에 투입된다고 한다. 현장에서 즉시 임금을 수수료 공제 후 바로 현금으로 지급하며 남의 나라에 와서 일하면서 수익은 자기네끼리 나누려 폭력배까지 동원한 업체도 있다고 한다. 돈이 오가는데 무슨 일인들 없겠는가마는, 웃을 수도 울 수도 없는 현실이 가관이다. 이런 문제를 대하다 보면 청년 실업 수당 프로그램이 왜 뭣 때문에 있는지 의문점이 드는 대목이다.

우리 시절엔 황무지를 개척하며 육체적인 힘만 썼고 요즘은 건물을 세우는 시대라고 본다. 건물 내부 실내 장식은 다음 시대라 생각하고 있다. 우리 세대는 육체적으로 힘들었지만, 요즘은 육체보단 정신적으로 힘들다. 다음 시대는 오롯이 정신적으로 더 힘든 시대가 될 것으로 본다.

세상에서 살아가려는 사람에게는 어떤 일을 하려고 해도 취준생이다. 잘못하고 깨닫고 익히면서 사는 게 인생이다. 세상의 이치도 자연의 순리도 절대 공짜가 없다. 우리는 그저 이 세상에 빈손으로 와서 세상에 널브러진 것들을 쓴 다음, 다 놓아두고 빈손으로 왔던 곳으로 다시 가는 나그네 같은 존재일 뿐이다.

기울면
쏟아진다.

　외국에서나 있을 법한 대통령 탄핵이 몇 년 전에 대한민국에서도 있었다. 물론 잘잘못은 명백히 따져야 하고 공사 구분 없이 책임지는 게 당연하다. 택시 기사인 나로서는 승객이 탈 때마다 네 편 내 편 양쪽으로 가르는 목소리 듣기도 힘들고 스트레스도 엄청나게 받던 시절이었다.

　지구촌으로 따지면 작은 나라, 그것도 남북한으로 갈라진 나라에서 문제가 왜 그리 많은지 답답하다. 이 와중에 먹고살겠다고 집회 장소에서 불쏘시개 노릇을 하는 인간들도 참 많다. 가는 곳마다 매일같이 시내 중심 도로를 틀어막고 집회를 연다. 정권이 바뀔 때마다 뭣 때문에 시시콜콜 반대하는지 여름철 비 온 후 잡초가 솟는 것처럼 양쪽 도로 옆은 개인 이름부터 정치 단체와 정부 단체, 생판 처음 듣고 보는 단체 이름으로 된 현수막과 피켓으로 두 눈을 채운다. 물론 자기 의사 표시나 주장을 할 수 있는 게 민주주의는 맞다. 그러나 기름 한 방울도 돈으로 사야 하는 대한민국에서 수십 또는 수백 수천 차량이 주춤주춤 밀려가며 기름을 낭비하게 하는 집회자들이 밀려가는 차량 기름값을 보상해 주는 것도 아니지 않는가, 왜 남에게 피해를 주면서까지 자기주장과 이익을 추구하는 건지, 이건 상당히 잘못된 집회 방법이라고 본다. 누구의 말을 빌리면 어떤 집회를 통해서는 일반 국민이 얻는 것도 있어 무조건 나쁘다고 할 수는 없다곤 했다.

오늘도 여지없다. 오늘은 어디로 가야 시끄럽지 않은 승객을 태우고 잘 빠져 다닐까 걱정스럽다. 바로 탄 중년 여성 승객은 20분 가는 거리 내내 탄핵 대통령을 두둔하고, 새로 입각한 정부와 대통령을 비방하는 목소리의 톤을 높였다.
"아주머니 여기서 내리실래요? 아니면 목적지까지 가실래요?"
그나마 잠깐 입을 닫더니 그새 입을 열어 성능 좋은 녹음기처럼 험한 말을 되풀이한다.

대한민국 건국 후 역대 대통령에 관하여 솔직히 말하라고 하면 어느 대통령이고 잘잘못은 분명히 있다. 후임 대통령이 전 대통령이 하던 짓을 똑같이 반복해서는 안 된다. 대통령도 사람이기에 주변을 챙길 수밖에 없다는 건 인정한다. 단지 적당히 하라는 것이다. 특히 대한민국에서는 주변 도움 없이 정권을 잡을 수가 없는 구조다. 정치적으로 큰 틀이 확실하게 바뀌어야 할 대목이다. 국민도 역대 대통령을 평가할 때는 냉정하고 소신 있게 평가해야 한다. 잘잘못의 구분을 확실히 해야 위정자들이 바뀐다. 그런데 한국인은 누가 이렇다고 하면 옳소이다 하고 다른 이가 저렇다고 하면 옳소이다 하고 그에 따른다. 혹시 내가 그렇다면 스스로 돌아보라. 자신이 꽤 웃기는 사람일 것이다. 이런저런 생각에 머리가 찡 울린다. 결국 듣는 내가 포기하고 앞만 보고 달리기만 했다. 생각이 막힌 사람들을 택시 운행 중에 참 많이 본다.

 오전 열한 시 조금 넘어설 무렵 종로2가가 목적지인 호출 배차를 받았다. 안 갈 수도 없고 긴 한숨이 새어 나왔다. 정오 무렵부터 종로에서 태극기 부대 집회가 예정되어 있다. 나이 든 승객은 가방을 두 개 들고 탔다. 뒷좌석에 앉은 승객은 삼각대와 은박지 그리고 무언가를 꺼내 확인하고 있었다. 궁금증이 생겼다.
 "종로에 태극기 부대 집회가 있습니다. 종로2가 어디에서 내리실 거예요?"
 "거기 가는 중입니다. 안국역에서 좌회전으로 내려가다가 종로2가 교차로에서 유턴해서 바로 세워주세요."
 "탑골 공원 옆 사주팔자 보는 천막 있는 곳이요."
 "네, 맞아요. 아저씨 잘 아시네."
 "집회하려고 나가세요?"
 "그렇기도 하고 밥벌이하려고 나갑니다."
 "집회 참가하면 돈 주나요?"
 "아뇨. 전 개인 방송 전문 유튜버입니다."
 그의 말은 쉬지 않고 이어졌다. 그의 말을 추슬러 보면 이렇다.

 자신은 전직 모 신문사 기자였다고 한다. 입에 침이나 바르지, 안 봐도 뻔한 거짓말인 게 드러난다. 유튜브로 집회 생방송을 직접 한다고 한다. 동영상으로 플랫폼에 올리면 구독자 숫자는 과격할수록 늘어나고 늘어난 만큼 자신의 수입 또한 늘어난다고 한다. 그러려면 자리를 잘 잡아야 하므로 미리 나가기도 하고 유튜버끼리 공유도 한다고 한다. 특히 시위자들을 부추겨 과격한 시위를 유도한다고 한다. 즉 태극기 부대가 보면서 인지도가 올라가면 자기 수입이 늘어난다는 것이다. 들자니 오장육부 속이 터져 버릴 것 같았다.

"같은 나라 민족이 서로 헐뜯고 싸우면 나라 꼴이 어떻게 됩니까. 특히 보수적인 생각은 대한민국과 국민이 우선 아닌가요? 좌파는 무조건 빨갱이라고 말하더라고요. 1970년대 할머니한테 듣다가 요즘 또다시 듣기 시작하는데 빨갱이란 말의 어원은 일본인들이 만들어 낸 거예요. 그리고 북한은 할아버지 아버지 손자 삼 대째가 왕 노릇을 하고 있는데 거기가 공산당입니까, 그런 걸 군주 전제주의라고 합니다. 나같이 무식한 놈도 아는 사실을 모르시는 건 아니시겠죠?"

그는 한참 뜸을 들이더니 하는 말이
"나이 들어가며 내 주장도 하면서 돈 벌어 먹고살 수 있으니까, 좋죠."
"얼마나 벌기에 극우 유튜버를 하세요?"
"보통 매달 삼백 정도는 벌죠."
"나도 그런 거 배워 편히 돈 벌어야겠네요."
"기사 양반도 말하는 것 보니 한가락 하시겠네. 택시 관두고 나랑 같이합시다."

그는 능수능란하게 웃어넘긴다. 걸러지지 않은 상소리가 목구멍에 걸렸다. 정치색이 헷갈린다. 자신의 밥벌이를 위해 사람들을 부추긴다더니 내 상상 속에도 없던 현실을 직접 겪었다. 극우단체에 기대어 먹고살려고 한다니, 기가 막힐 노릇이다. 듣기만 했던 것들이 사실이구나 싶다. 애꿎은 혀끝만 쯧쯧쯧 찼다.

광화문에는 어느 교회에 관계된 이들은 지치지도 않는지 매일 나와서 떠들어댄다. 그들은 법을 위반하고 법을 농락했다. 가끔 장위시장 근처 가는 승객이 타면 그쪽 사람들일지도 몰라 난 아예 입을 봉한다. 언젠가 장위시장 간다며 탔던 승객은 자기 말만 쉬지 않고 하더니 별안간 뜻이 맞지 않은 지 벌컥 화를 내며 나더러 좌파 빨갱이 아니냐고 소리를 지른다. 참 살다 살다 별소리를 다 들어봤다.

물론 누가 옳고 틀렸다는 건 아니다. 보수도 진보도 좋지만, 극우, 극좌 즉, 극단은 아니라고 생각한다. 우리나라 역사를 되돌아보면 정권이 한쪽으로 쏠린다든지, 정파 싸움에 백성이 피해를 보는 일이 허다했다. 결과는 뻔하다. 그들은 낭떠러지 끝에 서 있는 사람들 같다. 아예 타협조차 하지 않으려 든다. 그게 더 큰 문제이기도 하다. 부정한 생각은 부정한 판단을 한다. 생각이 부정에 치우쳤는데 어찌 바른 판단을 하겠는가, 제발 부탁하지만, 대한민국으로 한마음 한뜻이었으면 좋겠다.

국민 개개인이 주위 환경보다는 절제와 결단하는 자아를 갖는 게 중요하다. 나라의 평안을 보려는 나는 극단의 시대에 맞서 형평성을 홀로 부르짖는다.

꽃싸움

가을이 푹 익어간다. 새벽바람이 옷깃을 파고들더니 제법 쌀쌀맞게 얼굴을 스치고 지나친다. 이제 곧 겨울이 오겠지, 떨어진 낙엽은 친구와 멀어질 수밖에 없었던 내 마음을 아는지 쫓아오며 달래준다.

20대 시절 죽을 만큼 친했던 친구가 있었다. 엊그제 전화 통화도 아닌 문자로 그 친구는 아들 결혼식 청첩장을 보냈다. 사실 내게는 조카 같은 아이의 결혼식이다. 어떤 핑계를 댈 수도 있었지만 난 문자를 바로 삭제했다. 그 친구와 사이가 안 좋은 이유는 딱 하나, 도박 중독에 빠져 가족들한테 대접받지 못하면서도 그의 도박은 줄기차게 이어졌다. 도박 치료 전문센터에 다녀봤지만 그때뿐이었다. 장기간에 걸쳐 몇 번을 막아보고 달래 봐도 그때뿐이었다. 도저히 방법을 찾을 수 없어 아예 인연을 끊었던 친구였다. 지금은 마음이 훨씬 편해졌고 도박이 무섭다는 걸 그 친구를 통해 겪었다.

화투는 꽃싸움이란 의미로 일본에서 유래된 게임이다. 일본에선 그저 정월에나 하는 특별한 놀이 수준에 불과할 뿐이다. 1902년 황

성신문에 실린 잡화 광고의 품목 중에 화투도 있으므로 일제강점기 이전에 이미 보급되었음을 알 수 있다. 아마 알 만한 사람은 알 것이다. 단체 여행객들이 공항에서 출국 시간 기다리다 고스톱을 치는 사진이 신문에 실려 국제적 망신을 당한 적도 있었다. 육십 대 나이라면 어렸을 때 가족들이랑 나이롱뽕도 즐기면서 먹기 내기도 했던 기억도 있을 것이고 육백 점을 먼저 획득해야 이기는 육백이란 화투 놀이도 한 번쯤 했을 것이다. 이런 기억이 있다는 건 그 당시 한국에선 화투가 압도적으로 많이 보급되었다는 증거이다. 〈타짜〉란 제목으로 영화 또는 만화로 본 작품인데 도박이 중심이었다. 〈거침없이 하이킥〉이라는 드라마에서도 화투에 푹 빠져 일상적인 교제 수단이 아닌 싸움으로 번지기도 했다. 주인공이 피시방까지 가서 컴퓨터로 며칠 밤을 지새우며 고스톱 하는 장면이 나오기도 했다. 과연 공영방송에서 이런 장면을 보여줘야 하는지는 의문점이다. 화투 게임방이 한 집 걸러 문을 연 적도 있었다.

지난 주말 이른 시간에 청년 승객이 탔다. 핸드폰에선 통화가 이어지고 있었다.
"오늘만 하고 여긴 졸업한다."
상대방 말이 길어지는지 승객은 조용하다.
"오늘 총알 충분히 준비했는데 학생들 픽도 틀리고 괜히 왔어. 나머진 이체시켜."
서로에 대한 정보를 주고받는 것 같다. 한동안 이어지던 통화가 끝나고 뒷좌석에서는 돈 세는 소리가 들렸다.

얼마 전에는 호출로 배차 받고 골목길을 돌고 돌아서 도착한 장소에서 두 사람의 중년 여성이 탔다.

"언니는 지금 들어가도 괜찮아?"

"영감탱이가 술 취해서 아들딸한테 전화해서는, 엄마가 지금까지 집에 안 들어왔다고 소리 지르며 찾았다고 하네."

"아저씨 난리 치는 거 아닌지 모르겠다."

"그럼 옛날부터 말리던가, 그때는 모른 척하더니 늙어가며 왜 지랄하고 있냐고."

"그래도 조심해야지."

"갖다 버린 돈이 얼만데 새삼스럽게 지금 안 하면 무슨 재미로 사냐. 그래도 강원랜드는 안 갔잖아. 전에는 아예 거기서 살았었어. 사우나 가서 자고 또 들어가고 하며 반복하며 살았는데 뭘 그래."

"난 가게 들려서 뭣 좀 해 놓을 게 있어."

마치 전쟁터에 나가서 훈장 받은 군인처럼 도박에 빠져 있다는 사실을 적나라하게 쏟아놓는 두 사람이다. 목적지에 도착했다. 두 사람이 들어간 곳은 식당이었다. 식당을 운영하는 사람이었는가 보다.

오늘 첫 승객은 차고지 주변에서 중년 여성이 탔다.

"○○택시네요."

동네이다 보니 회사를 잘 아는 승객이려니 했다. 승객은 두세 사람 이름을 대며 아직도 이 택시 회사에 다니냐며 묻는다. 난 회사에서 이름을 제대로 아는 택시 기사는 없다고 답했다. 목적지가 익숙하다 했더니 도착해 보니 엊그제 두 중년 여성이 탄 장소였다. 운수 사업이 말 그대로 운수는 운수인가 보다. 탄 승객 역시 하우스라 부르는 곳으로 들어갔다.

몇 달 전에는 기가 막히다 못해 웃을 수밖에 없었던 승객을 새벽 다섯 시에 태운 적이 있었다. 승객은 출퇴근용 가방과 작지만 예쁘게 포장한 상자를 들고 탔다.
"어서 오세요. 어디로 모실까요?"
"부평 부탁드립니다."
"내비게이션에 주소 찍고 출발하겠습니다."
처리할 업무가 많아서 늦게까지 근무하는 승객이라고 생각한 나는 목적지를 향하여 속도를 올렸다.
"선물도 받으시고 늦게까지 근무하셨나 봐요?"
"아니요. 큰일 났습니다. 어제 딸아이 생일 선물로 산 건데 이제 집에 들어가네요. 동료들이랑 PC방에서 게임을 하다가 늦고 말았습니다."

순간 난 날벼락 맞은 것처럼 발이 떨리며 속도를 늦췄다. 총각도 아니고 애 아빠가 그것도 딸아이 생일 선물을 들고서라니, 기가 막히다 못해 헛웃음이 나오고 말았다.
"벌어진 일이니까, 미안하다고 사과해야죠. 그리고 제가 할 소리 아니지만, 도박도 무섭지만 게임 중독도 무섭습니다. 혹여 스포츠 도박하시는 거 아니지요. 진짜 하지 마세요. 인생 다 망가집니다. 주변 사람 중에는 자살한 사람도 있고 친한 친구랑 우정도 끊었습니다. 아이 아빠는 제발 하지 마세요."

"네, 알겠습니다."

그는 목적지에서 내렸다. 가로등 불빛에 여러 개로 그려진 그의 그림자를 세어보았다. 굽은 등이 애처롭다.

화투 방, 즉 하우스라고 불리는 곳에서 나오거나 들어가는 사람을 택시에 태운 적이 많다. 천막이나 산에서 도박하다가 잡힌 뉴스도 가끔 듣는다. PC방 도박에 빠진 이들의 전화 통화도 자주 듣는다. 경마나 경륜, 경정까지 줄곧 찾아다니는 그들은 아무렇지도 않다는 듯이 당일 있었던 상황의 뒷말도 한다. 잠시 맡겼다는 말로 위안을 얻는 그들이었다.

도박은 죽어도 무덤을 가르고 나와 한다고 한다. 인생 한탕은 절대 없다. 부정하게 얻은 건 언젠가 자신을 향한 독화살이 된다는 걸 난 확실하게 알고 있다. 생각의 변화 없이 얻을 수 있는 건 한계적이다. 성실한 사람만이 행복과 사랑을 얻는다는 걸 확신하기에 실천하고 사는 나다.

사교육 끝판왕

가로등 불빛이 제법 쌀쌀한 기운에도 꾸벅꾸벅 졸고 있다. 출근 시간에 맞춰 도착한 차고지는 조용하다. 익숙한 새벽인데 오늘따라 택시 기사들의 발걸음이 더딘 것 같다. 재택근무가 활성화되면서 주야간으로 승객이 심각하게 줄었다.

서너 달 동안 교대로 근무했던 동료 기사는 내겐 한마디 말도 없이 회사를 그만두었다. 코로나로 야간 승객이 없어 수입은 줄고 한계마저 느껴서 그만두었다는 회사 측 설명이다. 갈수록 택시 기사도 공동체보다 자기만의 태도를 고수하는 식으로 변하고 있다. 나는 교대 기사와 택시 한 대로 주야로 교대하면서 먹고산다는 동행자이기에 짝이랍시고 배려해도 돌아온 건 쌀쌀맞고 냉정한 이별뿐이다. 누군가와 짝이 되어도 배려할 이유조차 없다면서, 혼잣말로 난 나에게 지키지도 못할 똑같은 약속을 또 한다.

서글픈 마음을 위로라도 하는지 강남 가는 호출 배차를 받았다. 가끔 타는 강남역 승객이다.

"정말 오랜만에 뵙네요."
"네, 부탁드립니다."
출근길 장거리 승객은 피곤해 보이기도 하지만 대다수 승객은 대화를 꺼린다.
목적지에 도착했다.
"영수증 주세요."
"아이고, 깜빡했네요. 여기 있습니다. 좋은 하루 보내세요."
새벽 강남은 호출 승객이 제법 있다. 역시나 호출 배차가 바로 되었다.
"대치동 가시는 거죠?"
목적지를 다시 확인하려 물어봐도 아예 대답도 없다. 택시 안에 잔잔하게 술 냄새가 퍼진다.

어두컴컴한 대치동 학원가 도로는 달리는 차량 소리만 들린다. 그런데 내 눈에 보이는 건 사람들이 길게 늘어선 줄이었다. 세상에, 새벽 다섯 시도 안 되었는데 어느 건물을 향해 족히 이삼백 미터 긴 줄로 사람들이 서 있었다. 겨울옷을 투박하게 입은 사람들이었다. 너무 신기해서 택시를 유턴했다. 가까이에서 본 더 놀라운 사실에 입을 쩍 벌리고 말았다. 서 있는 사람 대다수가 여성들이었다.

얼마 후 다시 대치역 근처 아파트로 승객을 태우고 왔다. 아까 봤던 긴 줄의 사람들은 여전히 차가운 날씨에도 꽁꽁 싸매고 길게도 서 있다.

"혹시 저 기다란 줄이 무슨 줄인 줄 아세요?"
"아, 학원 등록하려는 줄이에요."
"아니, 이 새벽에 저 정도로 줄을 서야 학원 등록이 되나 보죠?"
"유명한 학원은 다 저래요."
"대한민국 엄마들 대단하네요."
"어쩔 수 없잖아요? 이 동네에서 자식들 대학 보내려면 할 수 없어요."

　난 우리나라 사교육의 현실을 직접 보았다. 그의 말은 저 중에는 아르바이트로 돈 받고 줄 서는 사람도 있다고 한다. 대치동 학원가는 간판만 봐도 엄청난 학원들이 모여 있다. 초중고생 하굣길에 본 학생들은 저마다 여행용 트렁크 같은 걸 끌고 다닌다. 학생들 얼굴도 무표정하다. 공부에 도대체 뭣 때문에 저 정도로 매달려야 하는 건지도 의심스럽기도 하다.

　강북의 대표적인 학원 중심지는 노원구 은행 사거리에 모여 있다. 중계동 시가지가 처음 조성될 때는 큰 대로 네 귀퉁이에 은행이 있어 은행 사거리가 되었다. 지금 같으면 학원 사거리가 맞는 말이 될 것이다. 학원 밀집 지역이 되면서 근처 아파트 가격도 십억이 넘는다는 말도 들린다. 이곳 역시 학생들 하굣길은 거의 발 디딜 틈 없이 붐빈다. 학원이 끝날 무렵인 밤 열 시가 되면 도로는 거의 아비규환이 된다. 양쪽 도롯가에는 크고 작은 학원 버스로 장사진을 이룬다. 거기다 학원 끝난 아이를 태우러 온 학부모 차량까지 뒤범벅이 된다. 아예 차선 하나만 이용하여 지나쳐야 할 정도다.

엊그제 뉴스에서 자녀를 성인까지 키워 내는 데 가장 많은 돈을 쓰는 나라로 대한민국이 집계되었다고 봤다. 대한민국의 출산율은 2020년 기준으로 0.84명으로 전 세계 최저라고 한다. 한국은 자녀 양육비가 1인당 GDP의 7.79배, 중국은 6.9배, 영국은 5.2배, 일본은 4.26배, 미국은 4.11배 수준이라고 한다. 한국의 민간부문 교육비 지출은 2.7%로 미국(1.7%) 캐나다(1.3%) 일본(1.1%) 등에 비해 크게 앞서있다. 결국 우리의 교육비 세계 1위는 부끄러운 사교육비 지출에서 1위인 셈이다. 위 조사 결과로 추론해 본 대한민국은 아이 1명당 양육비가 3억 원을 초과하는 금액이 드는 결과가 나온다는 발표를 읽었다.

지혜롭게 살아가려면 지식은 필요하다. 아무리 힘든 일이 내 앞에 닥쳐도 즐거움이 동반된 일을 하고 있다면 힘듦은 도리어 큰 힘이 되리라고 본다. 일하면서 즐거움이 동반된 자신만의 능력을 찾아보는 것도 행운아가 되고 능력자가 될 수 있다고 본다. 우리에겐 기회가 필요하다. 하지만, 잘못된 선택의 기회보다는 오롯이 자기의 능력에 노력을 더하면 그 인생은 더 빛날 것이다.

우리나라에선 몇몇 과목 잘하기보다는 모든 과목을 두루두루 잘해야 한다. 대한민국을 이만큼 만든 것도 어머니의 힘이요, 이만큼 망가트린 것도 어머니들이라고 말한다. 부모가 이 정도 노력했으니,

자식은 그만큼 더 잘해야 한다는 건 묵은 보상일지라도 자식을 통해 받으려는 것 같다. 자신이 별로인 걸 들키는 게 두려울 수도 있고, 어떤 우월감이나 죄책감을 들키지 않으려고 발버둥 치는 것은 아닐까 싶기도 하다.

솔직히 고백하자면 무엇이 옳은지 나도 정확한 결론을 내릴 수 없다. 난 다른 부모에 비하면 내 아이들 교육에 전혀 관심 없는 사람이 되곤 했다. 내 아이들은 자신이 판단해서 본인에게 부족한 과목을 학원에 등록하여 필요만큼 채웠다. 특히 학업에 관심이 많은 큰아이에게는 반에서 5등 안에 들면 된다고 했다. 쫓아갈 사람도 쫓기는 사람도 있어 경쟁력이 생기고 그 경쟁력이 능력의 원천이 된다고 했다. 큰아들이 학생일 때 아내와 큰아들은 뒤처진 과목에 대하여 서로 의견을 나누곤 했다고 한다. 수학이 부족할 땐 수학만 보충하였고 국어가 부족할 땐 국어만 보충했다고 한다. 물론 큰아들이 공부 쪽에 재능이 있었고 지켜보는 이의 예견이 있어 모자간에 의견이 잘 절충되었다고 본다. 우리나라 교육 과정은 전 과목을 다 잘해야 하는 문제가 있다. 작은아들은 공부보다 운동에 더 재능이 있었다. 비록 축구 선수의 꿈은 이루지는 못했지만, 대인 비즈니스에 탁월해서 지금은 자기 사업을 잘 운영하고 있다. 이렇듯이 자식들도 각자 자기의 타고난 재능이 따로 있는 것 같다. 지금 세상은 한 가지만 특출하게 잘해도 인생 대박이 가능한 시대가 되었다. 공부 열심히 해 봤자 월급쟁이밖에 안 되었다며 푸념하는 젊은 직장인 승객에게 한 말이 있다. 아직도 늦지 않다. 인생 한 방이 아닌 내 재능을 찾아내어

도전해 보라고 말이다.

 자기 삶은 자신 것이라는 말밖에는 달리 할 말이 없다. 자기 능력과 재능에 맞는 일을 하고 있고 찾았다면, 그걸 위해 능력과 열정을 쏟는다면, 좋은 결과를 보는 것은 당연하리라고 본다. 세상은 사실 그렇게 돌아가고 있다.

햄릿 증후군

 살아가다 보면 뜻하지 않는 결정을 내리는 경우가 자주 생긴다. 특히 바이러스 감염으로 통제받는다는 건 미래 영화나 소설에서나 볼 수 있었던 상황이었지만, 지금 전 세계가 직접 겪고 있다. 새로운 시작인 결혼식과 한평생을 마감하는 장례식에서도 코로나 지침이 우선인 현실이다. 한국 사람들이 가장 중요하게 여기는 가족이라는 질긴 끈을 단호하게 끊어 버린 코로나바이러스다. 내 개인적으로는 애지중지하는 자식들의 집에 함부로 갈 수 없는 상황이 가장 힘들고 안타까웠다. 가족에게 축하받아야 할 집들이도 문자나 SNS로 대신하는 현실이다. 결혼 4년여 만에 결심을 실천한 작은 며느리의 임신을 그저 지켜볼 수밖에 없는 상황이 가장 아쉽고 안타까웠다. 사람이 누리는 최대의 행복인 사랑이라는 자유마저 박탈당하고 말았다. 다수의 승객은 코로나로 인해 스스로 했던 많은 선택의 결정권까지 빼앗긴 현실에 인간이 만든 자승자박이라며 많은 사람이 자연환경에 대한 중요성을 깨우쳐야 한다고 말한다.

전자 장비의 발달이 부른 인간의 게으름을 보여 주는 현상을 이따금 본다. 예전에는 몸이 알아서 깨워주고 시간에 맞춰 출근하던 사람들이 알람이 울지 않으면 몸을 일으키지 못하는 지경이 되었다. 아침 출근 승객의 반 이상이 늦은 시간을 재촉한다. 오랫동안 택시 기사로 운행 경력이 있어도 이젠 내비게이션 선택에 따라 목적지로 가야 하는 현실이다. 급속도로 발전한 전자 기기에 밀려나면서 목적지까지 가는 차로 선택의 자유마저 빼앗기고 말았다.

"동호대교로 갈까요, 한남대교로 갈까요?"
"내비게이션 찍히는 대로 가세요."
"알겠습니다."

가끔 서울을 벗어나는 운행을 하게 되는 경우가 있는데 고속도로는 별일 없지만 일반 국도로 운행하면 오직 내비게이션에 의지해서 가야만 한다. 대부분 승객은 눈을 감고 있다. 간혹 운행하다 보면 대체 도로가 나온다. 내비게이션에 보이는 파란색 글과 빨간색 글을 본다. 내 생각은 이렇지만 난 결정을 내릴 수 없는 경우가 허다하다. 혹여 승객이 내 결정으로 운행하다 시간이나 요금이 늘어나면 승객은 불만을 제기하게 되고 서로 옳다고 주장하다 결국 다툼이 일어나지만, 내비게이션의 결정에는 양측 다 아무런 불만이 없기 때문이다. 운행 노선 변경으로 승객의 목소리나 얼굴색이 어두워지면 난 이유 없이 얼마간의 택시 요금을 공제하는 방법을 쓸 수밖에 없다. 나만의 적절하게 선을 긋는 방법을 택하고 있다. 하지만 대부분 승객은 좋든 싫든 택시 기사나 내비게이션의 운행을 묵인하고 있다. 습관적으로 자기주장이 줄어들고 있다.

'햄릿 증후군'이란 선택 장애 또는 결정 장애와 유사한 신조어라고 한다. 아버지의 복수를 할 것이냐 말 것이냐를 두고 어쩔 줄 몰라 했던 햄릿의 이름을 따서 햄릿 증후군이라고 불린다고 한다. TV나 라디오에서 유아·청소년 프로그램을 보면 선택과 결정에 관해 상담하는 방송을 종종 보게 된다. 결정 장애는 타고난 성격에 더하여 요즘 같은 과도한 정보와 부모가 자녀에게 집착해 자녀의 결정을 무시하고 부모 뜻대로 하는 성장 배경이 가장 큰 문제라고 한다. 자녀는 알아서 해 주려니 하고 자신을 방치하는 결과를 부를 수도 있다고 한다.

호출 승객의 전화벨이 울린다.
"아저씨, 아직도 우리 딸 택시 못 탔다고 하는데요?"
"거의 도착했습니다."
도착하니 여학생은 핸드폰만 보고 있었다.
"엄마가 택시 부른 학교 가는 학생이에요?"
"네."
"얼른 타세요. 택시 탔다고 엄마한테 전화하세요."
여학생이 타자, 전화벨이 또 울린다.
"아저씨, 우리 딸아이 탔나요?"
"탔어요."
"엄마가 출근하시느라 정신이 없나 봐요. 죄송합니다."

엄마의 난감한 행동에 학생들은 간혹 이런 소동을 겪는다.

오전 11시 조금 넘어서면 직장인들 점심시간이다. 두세 사람이 타면 도착지까지 음식 결정에 혼선이 생긴다. 누구는 맛까지 표현하며 의견을 내고 누구는 반박하고 누구는 묵묵하게 듣고 있다. 그들 이야기를 듣다 보면 공감이 간다. 친구들 모임에서도 음식 주문을 하다 보면 남들 주문이 다 끝나고 나서야 같은 걸로 먹겠다고 답하는 친구가 있다. 난 딸이 없어서 혼수 장만을 겪진 않았지만, 딸아이 혼수 장만 선택에 집안은 온통 전쟁터가 된다고 투덜거리는 친구도 있다. 자식에게 터무니없는 선택을 강요하는 부모도 꽤 많고 선생님이 추천한 학과를 강요받기도 한다. 그러다 보니 자식들은 고민만 하고 남에게 결정은 미루는 습관이 생긴 것일 수도 있다. 성적이 가장 큰 걱정거리라는 학생이 20%라는 뉴스 보도도 봤다. 순간의 선택이 십 년을 좌우한다는 오래전 모 TV 광고가 생각났다. 그 광고를 보고 사람들은 순간의 선택이 평생을 좌우한다는 말로 바꾸어 말하곤 했다.

나도 오래전 하던 일이 어려워지면서 언제부턴가 실패에 대한 두려움이 선택을 어렵게 했다. 타인에게 인정받으려는 욕구로 인해 선택과 결정을 주저하게 되었다. 다행히 자수성가한 성품이 쌓여 있었기에 우왕좌왕하지 않고 주어진 것을 선택하고 결정해서 경험하고 축적하여 삶을 주도한 결과, 힘들었던 날을 떨쳐 버리고 오늘날의 내가 존재하게 되었다. 택시 기사란 직업도 이십오 년째 이어올 수 있었다. 선택과 결정에 대한 두려움이 없어진다면 결단력과 추진력도 같이 생긴다.

 햄릿 증후군의 극복 방안으로는 남을 의식하지 말고 비교하지 말고, 기준점을 확고히 하고, 선택의 폭을 의식적으로 줄이라고 한다. 심리학 전문가는 햄릿 증후군으로 자신을 자신의 틀 안에 가두게 되면 사회에서 소외될 수도 있다고 말한다. 못한다거나 부족하다는 생각도 버려라. 자신의 선택에 대해 너그러워져야 한다. 인간은 완벽을 추구하려 하지만 완벽은 단언하건대 진짜 없다는 것을 나는 겪었다. 여태껏 살아오면서 거뒀던 성공의 기쁨보다 실패의 슬픔이 훨씬 크다는 것도 안다. 세상에는 서로 부딪히지 않는 게 없다. 서로에게 부딪히지 않으면 생명과 죽음 자체도 없다고 말하는 심리학 전문가들의 말에 동의한다. 생각은 죽음이고 실행은 살아 있음이다.

 간혹 승객이 잘살아가는 방법이나 마음을 편하게 하는 방법을 알고 싶다고 하면 이 말을 꼭 전한다. 교대 기사가 된 사람이 택시 운행 잘하는 방법을 묻는다면 이 말을 꼭 전한다. 어떤 일이고 생각이 정해졌으면 결과를 미리 생각하지 말고 쉽지 않겠지마는 무조건 실행에 옮겨 보라고 권한다.

살면서 무너질 수도 있다.

하지만,
주어진 쉼으로 삶을 재충전할 기회다.

인간은 부족함을 채워가는 진행형이기에
깊고 넓은 경험이 삶의 필수 조건이지만
노력한다고 해서 다 성공하지는 않는다.

넘어져도 일어설 수 있다.

하지만,
성공한 사람은 다 노력했다는 걸 기억하라.

아이만 꿈을 꾸는 게 아니다.
늙어 가는 이들도 화려한 노을이 되어
붉게 물들인 삶의 마무리를 꿈꾼다.

2장

쉼은
재충전의 기회다.

제 잘난 맛에 산다.

 난 젊었을 때 옹고집쟁이라고 불렸다. 어떤 일에 시선을 빼앗기면 끝장을 보려고 집착한다고 해서 붙은 별명이다. 택시 운행하면서 알게 된 사실은 난 옹고집쟁이까지는 아니라는 거다. 나보다 더 고집불통에 벽창호 같은 사람이 그리 많은 줄은 진짜 몰랐다. 고집이 세다는 건 융통성 없는 이의 일방통행이다. 사고 날 확률이 상당히 높은 사람이기도 하다.

 부슬부슬 내리는 비로 월요일 일과를 시작했다. 새벽녘까지 술잔과 어울리던 젊은이들이 강남역 근처 대로변에서 곳곳에 모여 어깨를 늘어트리고 이야기를 나눈다. 코로나로 제한되었던 거리 두기가 풀린 강남엔 승객이 많아졌다. 안양시 일 번지 승객 호출로 배차 받았다. 타려는 승객은 다행히 많이 취하진 않은 것 같다. 뒷좌석에서 술 냄새를 확확 풍기면서 빨리 가자고 서두르는 승객 목소리는 귓가를 맴돌았다. 다행히도 별 탈 없이 승객은 목적지에 내렸다. 안양역 근처인데 시흥동 방향으로 갈까, 인덕원 방향으로 갈까, 고민하다가 출근 시간이 이른 관계로 인덕원 거쳐 과천으로 향하는 방향을 선택했다.

　과천 우체국에서 멀지 않은 주택단지에서 우산을 든 승객이 급하게 손을 흔들고 있었다. 나보다는 나이가 두세 살 더 많아 보이는 여성 승객은 거친 숨을 내쉬고는 우산을 차 바닥에 던지며 뒷좌석에 앉았다.
　"아저씨, 안양샘병원으로 빨리 가 주세요."

　이런, 굉장히 난감한 처지가 되었다. 서울 택시가 경기도에서 경기도로 영업적으로 운행하면 사업 구역 위반이라는 법으로 처벌받는다며 승객에게 안양샘병원으로 갈 수 없다는 사실을 자세하게 설명했다. 승객은 단속에 걸리면 자기가 책임지고 말하겠다며 무조건 가자고 한다. 머뭇거리는 나에게 승객은 부탁한다고 했다. 비도 쏟아지고 있었고 새벽에 엄청 급한 일인 것 같다는 생각에 할 수 없이 방향을 돌리고 말았다. 승객의 말은 이렇다. 어제 일요일 날씨가 좋은 탓에 남편이 친구와 관악산 등산을 갔다고 한다. 저녁나절에 술에 취해 들어온 남편은 배가 아프다며 약국에 가서 소화제를 사 먹었는데도 불구하고 괜찮다가는 또 아프다고 하기에 바로 병원에 가자고 했더니 약 먹고 자면 괜찮을 거라며 고집을 피웠다고 한다. 저녁 9시가 넘어도 배 아픈 고통이 가라앉지 않아서 재차 병원 가자고 했더니 성질만 버럭 내기에 그냥 내버려 두었다고 한다. 새벽 1시가 되어 데굴데굴 굴러다니며 아프다고 난리를 쳐서 119구급차를 타고 안양샘병원으로 왔다고 한다. 응급실에서 수술이 급하다면서 바로 수술했는데도 담당 의사의 말이 맹장이 터져 온 내장을 다 덮어버려 치료하기에 늦었다며 곧 죽을 거라는 청천벽력 같은 말을 들었고 얼마 후 남편은 죽었다고 한다.

 지금 집에 왔다가는 건 핸드폰과 연락처를 갖고 다시 병원으로 가는 길이라고 했다. 과천에서 반포 서울성모병원으로 가셨으면 더 빠르고 안전할 수도 있었을 것 같았다는 내 말에 승객도 반포 서울성모병원으로 가자고 했더니 119구급대원의 말이 경기도 소속이라서 경기도 관내로 가야 한다며 안양샘병원 응급실로 데리고 갔다고 한다.

 몇 년 전까지도 아픈 곳이 생기면 자가 진단으로 병원 가기를 거부했던 나였다. 내 몸은 내가 알아서 한다는 말로 아내와 실랑이를 벌인 적도 자주 있었다. 얼마 전 급히 허리 수술을 해야 했던 아내에게 이제는 서로에게 건강에 관해서 만큼은 소통 좀 하자고 권했다.

 25년이나 운전석에 앉아서 근무해야 했던 나는 척추측만증 발병으로 5m를 걷기조차 힘들 정도여서 3년을 고생했었다. 시간이 훌쩍 지난 지금에서야 그땐 그랬다며 지나가는 말로 아내에게 변명했다. 진짜 바보 같은 짓을 하며 살아왔던 결과는 척추는 더 나빠진 상태라는 것이다. 승객의 남편도 나처럼 금방 괜찮을 거라는 확신이 있었거나, 아니면 쓸데없는 자존감에 자기 판단을 믿다가 죽음의 길로 들어서지 않았을까 싶다. 살아온 만큼의 경험이 부른 결정을 과신하게 되면서 자기도 모르게 위험한 낭떠러지로 떨어지고 만다는 경고의 글을 책에서 읽은 기억이 났다. 그 글에서는 자신이 보는 다른 사람은 자신보다 못하다는 생각에서 나온 판단 착오라고 했다. 과신 효과는 남녀 관계나 종속 관계에서도 많이 나타난다는 글이 쓰여있었다.

출장 가는 승객에게 팬데믹 내내 출장 가는 당신은 회사에서 우수한 필수 요원이라면서 덕담으로 던진 한마디에 그들은 활짝 웃었다. 코로나가 한창인 요즘 건강을 생각한다면 지방 출장을 오가는 일이 웃고는 있어도 가는 사람이나 기다리는 사람 또한 상당히 괴로울 것이다.

어느 승객의 말을 빌리면 '공시생' 친구의 능력이 어디까지라는 게 뻔히 보이는 데도 꼭 7급부터 도전해 실패하면서 이삼 년 허송세월 보내고 나서야 결국 9급으로 하향 조정하여 재도전하는 걸 자주 봤다고 한다. 이런 과신의 오류는 누그러뜨릴 수는 있지만, 완전히 없앨 수는 없는 게 대다수 인간의 특성이라고 심리학 전문가는 말했다. '나 때는 이랬다'라는 과신을 특히 나이 든 사람들이 많이 하는 이유는 살아오면서 겪은 경험에서 얻은 결과를 말하는 데서 판단의 오류가 생기는 건 아닐까 싶다. 나 역시 다사다난한 인간사를 견디며 살아왔기에 주의한다면서도 과신하는 오류가 넘쳐, 듣기 싫은 잔소리로 바뀌는 상황을 아내와 자식한테 지적받기도 했다. 자존감이 지나쳐서 자기중심주의에 빠져 있는 젊은 승객을 볼 때도 있다.

어느 분야가 되었든 도전에는 자신감이 필요하고, 그로 인해 좋은 결과를 볼 수도 있음은 사실이다. 나 역시 도전하는 자신감이 충만하니까 좋은 결과를 얻기도 했고 상처 또한 받아도 봤다.

자존감이 자기 과신에 치우치거나, 자기중심주의가 남에게 피해를 안 주면서 자기 행복을 추구한다면 최고일 것이라고 본다. 내 경험상 과유불급이라는 말이 이럴 때 지켜야 할 자기만의 인생 철칙이어야 할 것이라고 말하고 있다.

요구되는 갱신

사람이 하는 일이나 기계에도 갱신이 필요할 때가 종종 있다. 특히 우리 삶에선 갱신이 요구되는 상황이 비일비재하다. 핸드폰도 5G 시대다. 텔레비전은 갱신에 갱신을 거듭하여 크기도 화질도 초특급 상품이 되었다. 자동차의 발전 속도를 봐도 세상에 존재하는 모든 게 다 초고속으로 갱신을 거듭했다. 발명이 아니라, 기존에 있던 것을 고쳐 새롭게 쓰이는 게 주변에 많다. 발명보다는 발전이라는 말이 더 옳을 수도 있다.

코로나로 택시 업계는 긴급 비상 상황이다. 근무하는 회사에 250명이었던 택시 기사가 절반 가까이 삽시간에 훅 줄어들었다. 이런 상황을 지켜보는 난 가슴이 아려왔다. 이십 년 넘은 택시 기사 생활에서 갑자기 택시 기사 숫자가 확 줄어든 경우는 전혀 없었다. 나도 큰 결단이 필요했다. 일을 안 할 수도, 할 수도 없는 상황이라 불확실한 희망보다는 냉정한 현실적인 판단이 필요했다.

근무하는 택시 회사 관리자에게 기사들의 이직을 조금이라도 늦추려면 카카오 프랜차이즈 택시에 가입하는 게 좋겠다는 내 의견을 전했다. 시대는 빠르게 바뀌고, 바뀌는 상황에는 적절한 대응만이 살아남을 수 있다. 갑이 을이 되고 을이 병이 되는 상황이 전개되고 있다. 여태껏 운영해 온 원칙에 묶여 변화에 따르지 못하는 것은 미래를 읽지 못하는 미숙함 때문이라고 본다. 회사에서 변화를 받아들인 결과로 얼마 후, 동료와 1박 2일 카카오 호출 전문 실무 교육을 이수하고 자격증을 취득했다. 삶을 유지하기 위해선 다른 이들은 굳이 신경 쓰지 않고 나를 위한 이기적인 생각도 필요한 세상이 되었다. 갈수록 세상에서 내 편은 점차 없어지고 있고, 가진 자와 없는 자의 차이만 눈에 환히 보인다. 우리가 우리에게 언덕이던 시절은 코로나 이전 같다. 지금은 동료 기사이면서도 서로에게 눈도 마주치지 않는다. 잘잘못도 없이 무기력하게 고였던 자신감은 삶에 힘겨움으로 깊은 한숨 속에 가라앉았다.

카카오 호출 전용 택시로의 전환은 떨어진 수입을 올리는 방법이 되었다. 한동안 카카오 문제로 시끌벅적하던 개인택시 운영자도 먹고살려면 어쩔 수 없는지 하나둘 가입하고 있다. 조용한 수단으로 자신의 이익을 위한 단체의 위법성을 지적하며 부딪치는 건 어쩔 수 없다. 혼자 살면 다른 사람을 챙길 이유가 없다는 건 잘못된 생각이다. 그렇다면 반대로 날 돌봐줄 사람도 없다는 것이다. 사람들은 이런 간단한 이치를 잊고 산다.

쉽진 않지만, 꾸준히 카카오 호출은 고정적 수입을 유지해 주고 있다. 다수의 민원에는 당할 수 없는지, 카카오 프랜차이즈에서는 기사들의 의견을 듣고 문제점을 찾아서 조금씩이라도 나아지는 해법을 찾아가고 있다. 시간은 걸릴지라도 필요에 의한 필요는 조금씩 바뀌어야 한다.

코로나는 많은 변화를 가져왔고, 바꾸지 못할 것은 갱신을 요구했다. 가정에도 변화가 필요하고, 개인에게도 변화를 요구했다. 변화는 바로 내 안에서 찾아내 개선해야 한다. 어떤 재능이라도 있는 게 사람이다. 누구에게나 있는 자신만의 능력을 알지도 보지도 못하며 능력을 찾지 못하고 있을 뿐이다. 누구든지 본인에 맞는 재능이 있다. 단지 찾는 데 시간이 오래 걸리거나 포기하는 경우가 많아질 뿐이다.

나를 찾기 위한 글쓰기 공부는 책을 통해 습득해 갔지만 한계에 다다르곤 했다. 이름만 대도 알만한 시인이나 교수가 운영하는 밴드를 통해 그나마 시작품을 쓸 수 있는 지식을 조금이라도 배울 수 있었다. 대면 강의가 필요했지만, 시간이 생명인 택시 기사라는 직업은 대학교에서 운영하는 평생교육원을 다니기도, 정규 교육받기에도 어려울 수밖에 없다. 다행히 2019년 모 협회 주관으로 문예 대학 설립 소식을 들었다. 2주에 한 번씩 대면 수업과 온라인 수업으로 글쓰기 공부가 가능하다기에, 1기생으로 문창과에 입학하여 담당 교수들의 지도를 받고 졸업할 수 있었다. 지치지 않는 창작 활동으로 협회장의 추천을 받아 '도전 한국인 문화예술인 대상'도 수여

받았다. 이후에 코로나 사태로 활동적인 문학 활동이 모두 정지되고 말았다.

급작스러운 변화에 적응하면서도 나 혼자만의 글쓰기는 끊임없이 쭉 이어졌다. 졸음 사고를 겪고 난 후부터 아내는 내가 글쓰기에 별스럽게 유난을 떤다면서 취미 이상 하지 말라는 최후통첩 같은 말로 내 의지를 꺾으려 했다. 아내에게 글쓰기를 꼭 하고 싶은 이유는 내 속에 있는 나를 찾고, 살아오고 살아갈 인생을 쓰고 싶어서 글쓰기를 배운다고 했더니 지난 일을 왜 들춰내고, 살아가야 할 일에 미리 걱정하고 유난을 떨며 속 시끄럽게 살려고 하느냐며 얼굴을 붉혔다. 돈이 나오는 것도 아니고 돈을 쓰면서까지 왜 하는지 모르겠다는 아내의 말이 틀린 것도 아니다. 그렇다고 옳은 것도 아니다. 사실 정답이 없는 글을 쓰고 있는 게 맞다. 승객이 건넨 한마디 말로 나를 찾기 위한 글쓰기를 시작했다.

작은 빛에도 어둠은 갈라지고, 미풍에도 계절은 바뀌고, 호수도 작은 돌에 흔들리고, 바다는 속에 거친 파도를 품고 있다는 말이 생각났다. 사람이 살아가다 보면 행복은 조용하고 불행은 소란스럽다. 그렇다고 정지되는 인생은 아니다. 인생은 시곗바늘처럼 꾸준히 제 갈 길을 간다. 그렇게 모든 것은 계속되어야 한다. 다시 시작하려는 내가, 여기 존재하기에 나를 다시 찾아보는 글을 쓰려고 한다.

글로 쓴다고 지난 인생을 모두 되돌릴 순 없다. 다만 과거는 되돌아볼 수 있어서 내 남은 인생에서 여태껏 선택하지 못한 다른 가능성은 찾아보려는 것이다. 도저히 이해할 수 없는 남자라는 것에 대하여, 남자에게만 있는 양지와 음지를 글로 쓰며 되짚어 갱신되어 가는 인생으로 즐겁게 살고 싶다는 마음에 글을 쓰기 시작한 나였기에, 오롯이 앞만 바라보며 나를 찾는 글쓰기의 끝을 찾으려 하는 것뿐이다.

노란 풍선의 꿈

　청명이 지나면서 하늘은 맑고 바람은 부드러워졌다. 느끼지도 못하고 즐기지도 못한 봄이었는데, 화려하지도 않아서 올해 봄은 서운했다. 한창나이 땐 계절에 둔감했었는데 나이 들수록 예민해져 가는 것 같다. 실바람에 바스락대는 종잇조각의 흔들림에도 화들짝 놀라는 걸 봐도 그렇고, 봄의 향기가 너울거려도 외로움을 더 느끼는 감정도 그렇고, 이러면서 사람은 늙는가 보다. 무조건 반갑던 친구들이 떠난 빈자리엔 서글픔이 눌러앉았다. 늙어 가는 내가 잘 보이지 않게 아침 안개가 걷히지 않았으면 좋겠다. 내 바람은 그럴지라도 햇살이 환하게 밝히는 아침은 변함없이 올 거다.

　거리 두기가 완화되면서 개강한 대학생들 덕분에 승객이 조금 늘었다. 새벽 출근길의 내 발걸음이 그리도 무겁더니 시내로 나가는 승객은 없고 반대 방향으로 가는 승객만 탄다. 변두리 방향은 지하철역으로 가는 짧은 거리 승객만 탄다. 제법 부담스러운 택시 요금이 시내로 나오는 승객과 장거리 승객의 발길을 잡는다.

아직 이른 시간인데 바빠 보이는 중년 여성이 손을 든다.
"아저씨, 종암동 성복중앙교회로 가 주세요."
"기도하시고 출근하시나 봐요?"
"아뇨, 오늘 밥하는 당번이에요."

　자신은 교회 집사라고 밝히는 중년 여성의 말을 정리해 보면 이렇다. 근처에 고려대와 경희대가 있는데 기숙사를 배정받지 못한 학생들이 월세방을 얻어 거주한다고 한다. 부모의 도움 없이 어렵게 살며 공부하려는 학생들인데, 갈수록 아르바이트 구하기도 힘든데다 코로나로 더 마땅치 않아 아침 식사를 거르는 학생 수가 의외로 많아졌다고 한다. 대다수 학생이 아침을 안 먹는 게 아니라, 못 먹는 거였다는 사실을 교회 출석하는 청년을 통해 들은 교회 관계자들은 깜짝 놀랐다고 한다. 나 역시 깜짝 놀랐다. 교회에서는 근처에 사는 이십여 명 노인 분들의 아침 식사를 매일 해드리는 봉사로 시작되었다고 한다. 그러다가 굶는 학생을 위한 아침은 처음에는 몇 사람이었는데 지금은 백 명이 넘는 학생이 아침을 먹는다고 한다. 6년이 흐른 지금은 교회의 후원금으로 충당하던 소요 경비가 식사하던 학생들이 취업 후 후배를 위한 쌀 기부와 헌금으로 이어져 더 많은 학생이 아침 식사를 하게 되었다고 한다. 식사 인원이 늘어날수록 봉사의 손길도 부족했는데 언제부턴가 연세 지긋하신 할머니와 부모님 같으신 권사와 집사들이 교대로 돌아가면서 도와주고 있다고 한다. 도착해서 본 교회는 그리 크지는 않았다. 교회 공동체를 통해 보이는 사랑과 축복이 넘치는 모습이 선하게 그려졌다. 그들만의 작은 손길은 행복해 보였고 아름다웠다.

지난 주말 이른 새벽에 탄 60대 승객도 가슴을 찡하게 했었다.
"기사 아저씨, 방학동 도깨비시장 근처로 갑시다."
"주말 이른 새벽에 부지런하십니다."
"장애인에게 주말이 어디 있고 시간이 무슨 관계있나요? 그분들에겐 뭘 해도 사람이 필요하죠. 전 장애인 활동 지원사입니다."
"그래서 일찍 움직이시나 봐요."

그는 장애인 활동 지원사를 하면서 깨달은 게 너무 많다고 했다. 자신이 살아온 세월을 성한 몸이랍시고 함부로 굴리면서 살아온 게 부끄럽다고 했다. 성치 않은 몸으로 뭔가 하려는 의지와 노력하는 모습을 보면 눈시울이 붉어지지만, 웬만하면 도움을 원하지 않기에 짐짓 모른 척한다고 했다. 오늘은 늦게 일어난 자기 잘못으로 그와의 시간을 지키기 위해 망설임 없이 택시를 탔다고 한다. 존경하고 싶은 60대 승객이었다. 내려서 걷는 듬직한 뒷모습에 저절로 고개를 숙여 인사를 했다.

몇 달 전엔 기분 좋은 일이 있었다. 승객 호출로 배차 받고 들어간 골목은 차 한 대 지나가기조차 비좁았다. 택시를 빼도 박도 못하는 상황이 될 수도 있는 골목에서 상당히 몸이 불편한 할머니를 태우게 되었다. 방문 요양 보호사의 도움에도 무척이나 힘겨워했다. 시간이 한참 지체되면서 택시 뒤편으로 대여섯 대 차량이 줄지어 서게 되면서 불안한 마음에 할머니가 서둘러 타셨으면 싶었다. 바로 뒤 승용차에서 중년 남성이 내려와 도와주기 시작했다. 누구의 차에서도 빵빵 소리 하나 들리지 않았다. 아직 좋은 사람이 더 많다는 확인을 할 수 있었음에 기분이 너무 좋았다. 할머니는 가까스로 뒷좌석에 앉았다. 무심코 출발하려다가 난 택시에서 내렸다. 뒤에 쭉 서 있는 승용차를 향해 진심으로 머리 숙여 인사를 했다. 이렇게라도 해야 내 마음이 편할 것 같아서 했던 기억이 있다.

 사람이 살아가는 데 관심과 배려 그리고 사랑보다 더 좋은 건 없다. 세상이 엎어져도 사람은 사람이다. 윗물이 맑으면 아랫물이 맑다는 선인의 뜻을 나이를 먹고야 알았다. 뿌린 씨앗대로 거둔다는 말도 있다. 인생 정답인 말이다. 이왕지사 사람답게 살아갈 거라면 서로 마음도 나누고 기대기도 하고 안아주기라도 하면서 살았으면 좋겠다. 평범하게 살다가 어쩌다 한 번쯤 선한 사람이 되는 것도 좋은 경험이 될 것이다. 나부터도 어느 땐가부터 조금씩이라도 나누려고 노력하고 있지만, 쉽지 않은 건 사실이다.

 연세 지긋한 승객이 던진 말이 가슴에 와닿았다.
 "공수래공수거 맞는 말이야, 다 가진들 뭣해, 살다 보니 사는 게 참 별거 없고, 먼저 간 내 친구들 보니까 허망하더라고. 돈이랍시고 남겨 놓으니까 자식들끼리 치고받고 싸우는 꼴 보이고, 없으니까 부모 원망이나 하는 꼴 보니 인간으로 사는 게 쉬운 일은 아니야. 어찌 되었든 사람으로 이 세상에 와서 사랑했던 이와 나 닮은 자식이 있다는 게 성공한 흔적이지, 자식 농사가 세상에서 제일 힘든 일이라고 하잖아요."

 그렇다고 늙었다고 삶을 깨달은 건 아니다. 자식에게 최선을 다하는 것은 젊어서였고 늙어서는 자식을 통해 결과를 얻는다고 말도 있다. 택시 안에서 나이와 관계없이 인생 개똥철학을 나누다 보면 사는 게 천차만별이어도 사람의 끝은 다 비슷하다는 결론도 얻는다.

 아이만 꿈을 꾸는 건 아니다. 늙은 어른도 삶의 마무리를 서녘 노을처럼 아름답게 물들고 싶은 꿈을 꾼다는 것이다. 나 역시 이 시간에도 사람다워지려고 배우고 고치면서 최선의 노력을 한다. 남은 인생 쪼개어 꿈꾸며 흐뭇한 미소를 지을 수 있도록 말이다. 하늘 구름이 된 친구 생각에 우중충한 기분으로 하루를 시작했는데 너무 좋은 사람들을 만날 수 있어서 세상에서 내가 아직도 살아 있다는 사실에 더 고마운 하루였다.

미아 방지 시스템

　무거운 몸으로 출근길에 나섰다. 월요병은 아니다. 코로나로 한동안 못 봤던 큰아들 가족이 주말에 왔다. 오랜만에 본 아홉 살과 여덟 살 연년생 손자들과 놀이에 기운이 쭉 빠진 결과다. 손자들이 온다는 날, 하루 전부터 집 안팎 청소와 위험한 물건 치우기에다가 아랫집에 미리 인사하기까지 해야 한다. 집 도착 후부터는 두 손자 힘 빼기인지 내 힘 빼기인지 알 수 없는 전쟁 아닌 전쟁에 몰입한다. 갖가지 방법으로 놀아주려 시도해 보지만 체력이 달린 난 결국 한 시간도 못 버티고 벽시계를 슬금슬금 훔쳐본다. 올 때 반갑고 갈 때 더 고마운 게 두 손자 행차라 하더니 딱 맞는 말이다. 시커먼 뭉게구름처럼 왔다가 한바탕 소나기를 쏟고 가버린 두 손자 덕에 하품만 연신 나온다. 오랜만에 푹 잤는데도 온몸이 물 묻은 솜뭉치처럼 뭉쳐있다. 오늘은 일과를 좀 일찍 마쳐야 할 것 같다.

　빡빡한 출근 시간이 지나갔다. 긴 한숨이 절도 나온다. 멀지 않은 곳에서 보기에도 급해 보이는 여성이 뛰어왔다. 뒷좌석에 탄 승객은 숨이 가빠 말이 제대로 나오질 않았다. 승객이 숨을 몰아쉴 수 있게 잠시 비상등을 켜고 정차했다.

"아저씨, 응암동으로 빨리 좀 가 주세요."

"네."

"엄마, 가고 있어, 찾았어? 어디로 간 거야, 아저씨 얼마나 걸려요?"

전화는 끊지도 않고 물었다.

"차가 안 막혀도 삼십 분 가까이 걸리겠어요."

"김 서방도 집으로 온다니까, 주변을 더 찾아봐, 엄마."

긴 한숨을 내뿜고는 서둘러 가 달라고 다시 부탁한다. 아이가 없어져 버린 것 같아 속도를 높여 가야겠다.

"제가 드릴 말은 아닌 것 같은데 저도 큰아이를 서너 살 때 한 번 잃어버렸던 기억이 있네요. 아내가 아이 데리고 시장에 갔다가 물건 사는 사이 잠깐 손을 놓았는데 그새 없어졌대요. 혼비백산한 아내는 허둥지둥 쫓아다녀 봐도 찾을 수가 없었대요. 그때 어느 할머니 한 분이 아이들은 쏜살같이 없어지는데 사내아이는 위쪽으로 걸어가고 계집아이는 아래쪽으로 걸어간다고 하더랍니다. 아내는 그 말을 믿고 위쪽으로 방향을 잡아 한참을 찾아 걷다 보니 멀지 않은 곳에 파출소가 보였대요. 신고도 할 겸 들어갔더니 아이가 파출소에서 울고 있더랍니다. 아내는 아이 잃어버렸다가 찾은 이야기를 거의 십 년이 지나서야 나한테 얘기를 했습니다. 너무 큰 충격이었던 아내는 아이도 무사히 찾았고 집안 시끄러워지는 것도 싫어서 말을 안 했다고 하더라고요. 일단 경찰서에 신고는 하셨지요?"

"네. 제가 정신이 없으니까, 아이 아빠가 한다고 했어요."

"혹시 아이가 몇 살이에요? 경찰서에 지문 등록하셨나요? 저도 손자가 있어 아들에게 손자 지문 등록하라고 했더니 벌써 했다고 하더라고요."

"다섯 살이요. 그런 제도가 있나요?"

"삼십 분 만에 지문 등록 확인으로 잃어버린 아이를 찾아서 부모품으로 돌려보냈다는 뉴스를 얼마 전에 봤어요. 그리고 아이를 잃어버린 곳에서 아이가 알고 있는 장소가 멀지 않으면 그곳도 가 보세요."

전화를 받는 아이 엄마 목소리가 떨렸다.

"당신, 지금 어디야? 자기야, 어린이집도 가 보고 우리 가는 미장원에도 가 봐. 오늘 엄마더러 아들 머리 좀 손질하라고 했거든. 십 분 정도면 도착할 거야. 내가 도착할 때쯤 전화할게요."

"너무 걱정하지 마세요. 금방 찾을 겁니다. 다섯 살이면 엄마나 아빠 핸드폰 번호 알고 있겠죠. 누군가 도움을 줄 겁니다."

거의 도착할 무렵에 아이 엄마 전화벨이 울렸다. 아이를 찾았다는 목소리가 크게도 들렸다.

"여보, 어디 다친 데는 없어요? 알았어요. 바로 집으로 갈게요."

"아이고, 찾아서 다행입니다."

"아저씨, 백련산 파크자이 아파트로 가 주세요. 고맙습니다."

"암튼 다행입니다. 너무 야단치지 마세요. 할머니 마음도 달래주시기도 하세요. 주제넘은 말이지만, 다 지난 일입니다. 뒤처리를 잘하시는 것도 지혜라고 생각합니다."

"고맙습니다. 기사 아저씨, 아이 지문 등록도 이번 기회에 해야겠어요."
 종종걸음으로 걷는 아이 엄마 발걸음이 가벼워 보였다.

 여기저기 흐드러지게 핀 꽃에 하늘도 파랗다. 자유롭게 뛰어다니는 아이들을 보는 부모가 행복한 건 당연하다. 또한 아이들이 시끄러운 것도 당연하다. 아기가 엄마한테 표현할 방법은 울음소리밖에 없다. 아이들의 시야는 넓고 궁금한 게 많아서 어디로 뛸지 모른다. 아이들의 걸음은 생각보다 빠른 속도로 걷는다. 부모는 걱정스러운 마음에 아이에게 미아 방지 목걸이나 팔찌를 채워주기도 하지만 그걸로는 부족한 점이 있다. 미아 방지 아동 정보 등록하기를 하면 마음이 훨씬 편해질 수도 있기에 권장한다. 너무 어리면 지문 등록이 어렵다고 한다. 대부분 어린이집 등원이나 걸어 다닐 수 있는 시기에 등록하고 1~2년 주기로 지문도 업데이트해야 한다고 한다. 등록 장소는 경찰서나 지구대에서도 가능하다고 한다. 부모님 신분증과 가족 관계 증명서 그리고 아이 사진도 필요하다고 한다.

 잃어버린 아이 찾는 소동이 지나가고 내 퇴근 시간이 되어 가는 정오가 되었다. 카카오 호출 배차를 받았다. 아이 안은 엄마가 탄다. 소아청소년과 병원에 가는 승객이었다.
 "사내아이인가 봐요. 아기가 몇 달 되었어요?"
 "네, 벌써 여섯 달째 접어들었어요. 저희 엄마 아빠는 사는 재미가 생겼대요. 너무 좋아하세요."
 "아이가 하는 역할이 그렇게 크답니다. 가족끼리 소통의 역할도 하고 웃음과 눈물도 주잖아요."
"이렇게 예쁠 거라곤 꿈에도 몰랐어요."

시작은 힘들었지만, 오늘도 결국은 웃음으로 마무리했다. 사람의 마음을 얻는 건 판도라 상자를 여는 거와 같다는 말도 있다. 자식은 평생 채권자라는 말도 있다. 우리가 더 알아야 할 것은 내리사랑도 당연하지만, 살아계실 때 자주 찾아뵙는 어르신에 대한 치사랑도 잊지 않았으면 좋겠다. 그저 감사하다는 말 밖에 나오지 않는 기분 좋은 하루였다.

피의자와 피해자

　내 몸에 붙은 손가락과 발가락의 생김새도 다르고, 하는 역할도 다르듯이 사람도 차이가 있고 구별이 있다. 각자의 재능을 갖고 자기 삶에 충실하게 살아가는 이들이 더 많은 세상이다. 오늘도 핸들을 꼭 잡고 '내 뜻대로 마소서' 짧게 기도하고 택시 시동을 걸었다.

　몇 달 전 이야기다. 이른 오후에 잡힌 약속이 있어서 새벽 3시 30분부터 서둘러 근무하면서 문제가 시작되었다. 술집 번화가를 벗어난 도로에서 승객이 손을 들었다. 승객이 탄 순간 아뿔싸 싶었다. 역시 안 좋은 예감의 술 냄새가 택시 안을 채웠다.
　"어디로 모실까요?"
　알아들을 수 없는 말이 승객의 입안을 벗어나지 못했다. 겨우 들린 목적지는 미아 삼거리였다. 출발하자마자 택시 뒷문이 덜컹 열렸다. 깜짝 놀라 급정거했다. 바로 택시 문이 철컥 소리 내며 닫혔다. 얼마 가지 않았는데 다시 뒷문이 덜컹 소리와 함께 열렸다. 택시 속도를 급히 줄였다.

"아저씨, 문 닫으세요. 위험합니다."

다시 철컥 소리와 함께 뒷문이 닫혔다. 다시 출발하려는데 그 순간 뒷문이 덜컹하고 또 열렸다.

"택시가 달리고 있는데 문을 자꾸 열면 어떻게 합니까?"

승객이 횡설수설하는 통에 말귀를 전혀 알아들을 수가 없었다. 멀지 않은 곳에 지구대가 있다는 걸 알고 있기에 바로 도착했다. 지구대 경찰관은 뒷좌석에서 나온 승객을 지구대로 데리고 들어갔다.

"기사 아저씨, 택시 요금 영수증 갖고 오세요."

영수증을 출력해서 경찰관에게 건네는 순간 승객이 주먹으로 내 오른쪽 뺨을 때렸다. 경찰관은 술 취한 승객과 날 분리했다. 승객은 자기가 누군 줄 아냐며 행패를 부렸다. 경찰관이 당신 누구냐고 물으니 자기는 무슨 시민 연합 단체 대표라고 했다. 명색이 시민을 위한 단체의 대표이면서 이런 짓을 벌이나 싶다.

"기사 아저씨, 저 사람 폭행 현행범이라 여기서 조서 꾸미고 경찰서로 가세요."

오늘도 망했다는 생각에 울화가 치밀었다. 경찰관은 자기네는 알바 아니라는 식이다. 술 취한 승객은 의자에 널브러져 자고 있었다.

"요금도 안 받고 그냥 가겠습니다."

"안 됩니다. CCTV에 찍혀서 저희가 곤란합니다."

젠장 서너 달에 한 번씩 이 꼴을 당하니, 어느 누가 택시 기사를 하겠는가. 경찰서에서도 담당 형사가 없어 기다리다 보니 오전 열 시가 되어서야 모든 서류가 끝났다. 상대방인 승객과는 마주치지도 못했다. 결국 그날 회사 입금도 내 돈으로 채워야 했었다. 운 없는 하루의 기억이었다.

　두서 달이 지난 후 퇴근 후 집안에 들어서자 아내가 놀라서 건네는 법원 출두 통지서를 뜯었다. 법원이나 경찰서에서 받은 출두 통지서는 괜한 심적 부담을 갖는다. 아내의 걱정스러운 눈빛에 몸 둘 바를 몰랐다. 술 취한 승객과 있었던 일이라고 설명해도 당신이 뭘 잘못했기에 법원까지 가야 하냐고 확인하고 또 확인하는 아내다. IMF 후유증으로 법원이나 경찰서 형사과로 오라는 출두 통지서를 자주 받았던 아내는 새삼스레 오래전 기억이 떠오르는가 보다.

　승객이 나에 대한 폭행을 경찰관이 보는 앞에서 저지른 죄로 부과된 과태료인지 벌금인지가 많이 나왔다고 승객이 법원에 항소해서 법원은 폭행당한 나에게 증인으로 나오라는 연락이었다. 참, 기가 막혔다. 아내의 걱정에 할 수 없이 잘 아는 법무사에게 사정을 말했더니 그 승객이 괘씸한 사람이라며 법을 잘 아는 사람 같다고 했다. 법원 가서 진정서를 써서 내면 처벌을 못 면할 거라고 알려줬다. 먼저 경찰서 담당 형사를 찾아가 하소연했다. 그날 분명히 지구대에서 CCTV에 찍혀서 좋게 해결하고 싶어도 어쩔 수 없이 경찰서로 왔다고 했다. 그러니 그날 CCTV 자료만 법원에 제출하면 나는 일하고 법원에 안 가도 되지 않느냐고 했더니 날짜가 지나서 CCTV 증거가 삭제되었다는 것이다. 진짜 대한민국 법이 누구 편인지 왜 피해자가 피해를 계속 받아야 하는지 알 수 없는 나라가 되었다. 이러니 사람들이 강한 사람이 되려고 온갖 짓을 다 하는 것 같다.

항소 재판 당일 가해자인 승객은 나를 보고도 최소한의 예의도 지키지 않았다. 난 재판관에게 허락받고 증언석에서 선서하고 판사와 가해자에게 당당하게 말했다. 자식 키우는 아비로서 남에게 피해를 주었으면 당연하게 처벌받아야 한다. 웃기는 건 억울하다고 범죄자가 항소하면 형벌이고 벌금이고 무조건 깎아주는 대한민국 법이 과연 옳은 것인가 싶다. 뉴스에서나 봤던 현실을 직접 겪은 지금은 텔레비전에서 본 피해자들이 대성통곡하는 이유를 알게 되었다. 나라에서는 벌금이라도 받지, 나는 두들겨 맞고도 법원 출석해서 삼만 원도 못 되는 돈 받고 일과를 완전히 망쳐버리고 가족들 앞에 택시 영업 중에 뺨까지 맞았다는 수치심까지 들었다. 억울한 일을 당하고 그 억울한 일을 내가 증명해야 하는 법이 누구에게나 공평한 법인가 묻고 싶다. 위정자들은 피의자의 인권을 우선하는 나라이고 자유 민주주의 대한민국이라고 떠든다. 정의란 걸 알고나 있을까, 경찰관이 말하는 정당방위도 웃기는 정당방위 법이다. 그러니까 국민한테 공권력이 신뢰를 못 받는 것이다. IMF 때 겪었던 법에 대한 나쁜 신뢰도가 이십 년이 다 되어 가는데도 한 치 변함없이 그대로였다는 사실에 마음은 돌 맞은 유리창처럼 산산조각 깨어져 흩어졌다면서 증언했다.

잘난 척하는 사람들 참 많다. 텔레비전을 봐도 그렇고 내가 겪은 일을 봐도 그렇다. 알량한 지식으로 헐렁한 법을 이용해 약자들을 괴롭히는 그들의 머릿속은 어떻게 생겼을까 싶다. 사람이 되어야 한다고 자식들에게 가르친 난 개만도 못한 언행을 한 이들에게 쓴소리

한 번 못하는 아비가 되었다. 젊은 시절의 나 역시 제정신이 아니어서 잘난 척하고 살았었다. 저 혼자 잘난 척한다는 돌고 돌아온 그 말에 난 진짜 창피했다. 물론 사람이라면 누구라도 한 번쯤은 잘난 척할 수도 있다지만, 서로에게 환영받지 못하는 사람은 되지 말자. 부디 능력 있다고 생각하는 이들이여, 다 갖추었다는 건 본인 생각이고 제삼자가 볼 땐 겉과 속이 초라하고 남루할 뿐이라는 사실을 잊지 마라. 정작 법 공부를 한 이들은 알고는 있는지, 저 자신을 돌아보는 여유도 없이 사는 그들이 한심스럽다 못해 불쌍하기까지 하다. 법은 만인 앞에 평등해야 하고 집행하는 이들 역시 공명정대해야 한다는 게 사실이다.

유유히 흘러가는 강 깊이를 누가 알겠는가, 흐르는 강은 깊어지는 게 당연하지만, 자기 속을 걸러내지 못한 강은 강이 아니라, 얕은 하천에 불과할 뿐이다. 쉬지 않고 걸러내므로 깊어지는 강이 되고, 깊은 만큼 받아들일 수 있다. 바다로 흘러가기 위해서는 그만큼 강은 넓고 깊어져야 한다.

세상을 밝고 환하게 살려고 노력하는 많은 이들이 있고 이들에게는 옳고 그른 원칙이 중요하다는 응원의 메시지가 꼭 필요하다.

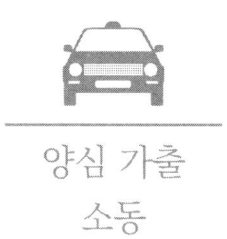

양심 가출 소동

새벽길을 휘젓고 다녀도 승객은 잔뜩 흐린 하늘에서 별 찾는 만큼 없다. 새벽엔 동대문 패션 시장이거나 화려한 불빛 근처에서나 어디든 사람 그림자가 보였는데 코로나로 인한 집합 금지 조치로 발길이 끊겼다. 서울에서는 24시 문화 중심인 편의점마저 폐업하거나 일찍 문을 닫고 있다. 선진국 도시의 획일적인 모습처럼 도심의 공동화가 빠르게 진행하고 있는 서울이다. 서울의 25개 구마다 번화가가 별도로 있어 그곳은 아침까지도 환한 불빛이 꺼지질 않았다. 나머지 다른 거리는 가로등이 홀로 울적하게 서 있다. 코로나로 인해 번화가마저 불빛이 식은 지 오래고 사람의 온기마저 없이 썰렁한 바람만 지나치는 거리가 늘어나고 있다.

철컥 뒤에서 택시 문을 열린다. 운이 좋아 동대문 패션 시장을 벗어나기 직전에 승객이 탔다.
"아저씨, 2호 터널 지나서 용산역으로 가 주세요."
"네. 알겠습니다. 물건은 택배로 보내셨나 봐요?"

"물건은 택시에 절대 싣고 안 가요. 얼마 전 산 물건을 택배로 보내고 작은 물건은 들고 택시 탔는데 그만 물건을 두고 내렸어요."

"저런, 다시 찾았어요?"

여성 승객의 얼굴을 벌게지며 목소리 톤을 높였다.

"8,200원 나왔기에 기분 좋게 만원 다 주고 내리다 그만 물건을 깜박 잊고 내렸어요. 혹시나 해서 열차도 취소하고 기다려도 택시 기사가 오지 않아서 경찰에 신고했죠. 경찰관이 그 택시 기사가 다시 올 수도 있으니까, 기다려 보자 했는데 결국은 안 오더라고요. 택시 타고 오면서 힘든 삶과 위로하는 말을 주고받으며 왔는데 말이에요. 돈으로 치면 80만 원이에요. 까짓 돈이야 다시 벌면 되지만, 밤새 발품 팔고 정성 들여 구매한 건데, 마음을 잃어버렸네요."

숨 쉴 틈 없이 빠르게 나온 그녀의 말엔 못내 사람에 대한 신뢰도가 깨진 씁쓸한 웃음도 따라 나왔다.

"저도 택시 운행하면서 분실 문제가 심각해서 저는 손님이 내릴 때마다 잊으신 거 없나 확인하세요, 하면서 주의를 환기해 준답니다. 가끔 아이고 잠깐만요, 하면서 손님들이 깜빡했던 물건 들고 내리지요."

"택시 아저씨들이 아저씨 같으면 얼마나 좋아요, 하긴 사람은 다양하니까요."

"맞습니다. 좋은 사람이 더 많긴 하지요. 다 오셨어요. 편안히 내려가세요, 빠진 물건은 없나 보세요. 안녕히 가세요."

핸들을 돌리며 괜한 웃음이 새어 나왔다.

카카오 호출 배차를 받았다.

"택시 회사를 찾아가려고 합니다. 위치 추적했더니 혹시 이 회사 아세요?"

"내비게이션에 뜬 장소는 내가 아는 회사입니다."

"기사 아저씨가 회사에 맡기고 퇴근한다고 직접 찾아가라고 해서 지금 핸드폰 찾고 회사 바로 출근하려고요."

"기사 양반이 원칙대로 했네요. 습득물은 회사에 맡겨야 분쟁 소지가 없어요. 저도 가끔 습득하면 회사에 무조건 맡겨요."

특히 두꺼운 옷을 입는 겨울엔 바지 주머니에 넣거나 패딩이나 점퍼나 코트 주머니에 핸드폰을 넣으면 택시 좌석에 앉아 몸을 조금 움직여도 스르륵 빠진다. 승객들의 대다수 분실 이유다. 예전에는 택시에서 분실한 물건 1위가 핸드폰이었다. 참 많이도 찾아주었던 기억이 있다. 요즘은 반려 핸드폰인지라 한시라도 핸드폰에서 눈을 떼지 않기에 분실하는 사람이 별로 없다. 그나마 코로나19로 인해 일찍 퇴근하거나 재택근무로 핸드폰 분실 소동은 거의 없다.

"핸드폰 찾아서 나올게요. 가까운 지하철역으로 부탁드립니다."

출근 전쟁이 끝나고 엄마들이 아이 데리고 병원이나 백화점 문화센터 가기 전쟁이 시작됐다.

"어서 타."

"아가, 천천히 타거라."

멈칫한 아이가 내 얼굴을 빤히 쳐다보고 있는 모습에 아이 엄마는 아이를 보챈다.

"어서 타 빨리."
"아가, 천천히 타거라."
"500원이다."
"아저씨 드려라."
"아냐. 아가, 먼저 탔던 사람이 돈을 잃어버렸지만, 주인을 알 수 없으니 발견한 네가 가져라."
"고맙습니다."
 혹여 잘못된 언행일 수도 있겠다 싶었지만 내 생각엔 잘한 것 같다. 명분을 확실히 밝혔으니까 말이다. 나는 손님이 내리실 때 의무적인 습관으로 말한다.
"빠진 것 없나요 확인하고 내리십시오."
 재차 강조한다. 물론 뒤차는 요란스럽게 빵빵거린다.

 물건을 잃어버린 이들의 아쉬운 마음을 담은 글을 쓰다 보니 몇 년 전 마음이 안타까웠던 승객이 떠올랐다. 자신의 뭔가를 잃어버린 승객을 태우고 올림픽대로를 거쳐 강변북로를 두 바퀴 돈 적이 있었다. 말 한마디 못 건네준 게 잘했는지, 못 했는지, 결정하지 못한 나만의 문제로 남았었다. 그 후로 난 승객 기분에 맞추어 아예 말을 하지 않거나 짧고 길게 대화를 나누는데 정치나 경제 이야기는 절대 안 한다. 오롯이 사람 사는 이야기를 하면서 웃음을 주고받으려 노력한다.

택시를 운행하다 보면 승객이 분실물을 잃어버리는 경우가 가끔 있다. 다행히 호출 택시였다면 되찾기가 조금은 수월하다. 요금 결제도 카드로 결제했다면 다소 불편하지만 카드 회사를 통해 택시를 찾을 수 있고 분실물 확인도 가능하다. 택시를 타고 내린 위치와 시간을 담당자나 택시 기사에게 이야기하면 더 빠르게 처리될 수 있다. 호출 앱을 쓰신 경우에는 이용 목록에 이용한 택시의 정보가 들어 있어 더 편리하다. 그러나 차량 번호는 물론 현금으로 택시비를 주고 영수증마저 없다면 많은 수고에도 되찾기가 수월치 않다. 나중에 탄 아이처럼 뒷좌석 분실 물건은 기사들이 확인하기 전에는 알 수 없는 게 현실이다. 분실물을 습득하고 찾아주지 않으면 유실물 취득으로 처벌도 받을 수 있다. 서로의 오해 소지가 없게끔 무조건 회사에 분실물을 신고하는 게 가장 좋은 방법이다. 분실자가 택시 회사에 와서 직접 찾아가면 수고비 쟁점에서도 벗어날 수 있다.

살면서 얻는 것보다 더 많은 것을 잃어버리는 게 우리 인생이고, 그걸 채우려다 보면 다른 걸 빠트리게 되는 게 인생이다. 서두르지 않으면서 조금은 버리기도 하고 또 잃어버리기도 하면서 평범한 인생으로 사는 게 좋을 것 같다. 늙어가면서 두 손에 욕심 꽉 쥐지 말고 나누면서 편하게 살자고 친구들에게 말한다. 인생은 나그넷길이란 노래 가사처럼 말이다.

열린 문
닫힌 문

일교차가 크게 벌어진 온도는 정상적인 봄 날씨에 맞게 오랫동안 이어졌다. 아침저녁으로는 쌀쌀하고 한낮엔 25도 가까이 오른다. 카디건을 아침엔 입고 오후엔 벗는다. 감기 걸리기 딱 좋은 날씨답게 뿌연 미세먼지가 안개 낀 것처럼 자욱해 아침 햇살이 퍼져나가질 못한다. 아침 햇살이라도 옹골차게 떠올라 주어야 코로나로 찌푸렸던 서민 얼굴이 밝아질 텐데 못내 아쉽다. 온몸이 구석구석 쑤시고 욱신거리면서 병원 좀 가자고 재촉하는 삼월 하루가 어김없이 시작된다.

청량리역 근처 병원 입구에 젊은 여성이 핸드폰이 켜진 손을 든다. 택시 문이 열리면서 이른 아침 탁한 공기가 차갑게 밀고 들어왔다.
"어서 오세요. 병원 근무 끝나시고 퇴근하시나 봐요."
"면목동 데려다주세요. 아니요. 친할머니가 병원에 입원하고 계셔서 밤새 있다가 가는 거예요."
가로등에도 흐릿한 도로를 달렸다.
"할머니가 아주 많이 아프신가 봐요?"

"넘어지셔서 골반이 깨졌는데 이젠 많이 좋아지셨어요."

잠시 머뭇거리던 승객의 말은 목적지에 다다르기까지 밝은 톤으로 이어졌다.

"할머니가 저를 이뻐하셔서요. 제가 있으면 편하시대요. 하루걸러 하루 자고 가요. 올 때마다 할머니 씻겨드리고 머리 감겨드리면 시원하다고 엄청나게 좋아하세요. 갖고 온 밥과 반찬도 잘 잡숫고 잘 웃으셔서 기분이 좋아요."

내 나이에서는 자손으로 해야 할 당연한 행동이라고 생각하지만, 요즘 현실에선 드물게 볼 수 있는 성품이 맑고 고운 여성 승객이다.

"부모님은 바쁘신가 봐요?"

"엄마랑 둘이 교대로 왔다 갔다 해요. 아빠는 여자들이 다 하는 거야, 그러면서 자기는 병원에 와 보지도 않아요. 자기 엄마인데도 말이에요."

약간 언짢게 말을 하면서도 승객은 활짝 웃었다.

"직장은 안 다니시나 봐요."

"아뇨, 저 지금 집에 가서 바로 출근 준비해야 해요. 오늘은 회사에서 꾸벅꾸벅 조심스럽게 졸아야죠."

"건강 잘 챙기시고 할머니 빨리 회복하셨으면 좋겠네요. 손녀분도 건강 잘 챙기세요. 오늘도 좋은 하루 보내세요."

"고맙습니다. 아저씨 안전 운행하세요."

기분이 너무 좋다. 사람에게는 사람이 보약이라는 걸 다시 알았다. 밝은 웃음을 지닌 아름다운 숙녀다. 뿌옇게 덮인 미세먼지가 훅 날아가고 맑은 하늘이 금방이라도 활짝 펼쳐질 것 같은 기분이 들었다. 햇살보다 밝은 승객을 모시면서 어두웠던 마음에서 벗어나 콧노래가 절로 나왔다.

　동대문역 근처에서 청년은 급히 손을 든다.
　"감사합니다. 서울대병원입니다."
　"알겠습니다. 누가 아프신가 봐요?"
　잠시 숨을 몰아쉰 청년은 말했다.
　"어머니가 암투병하셔서요. 제가 밤에는 장사합니다. 이제 끝나고 어머니한테 가는 중입니다."
　"피곤해서 어떡해요."

　청년은 밝은 얼굴은 아니어도 엷은 미소로 답한다. 제 부모 공경해야 제 복 받는다고 어른들은 말했다. 우리 어린 시절엔 동네 어른이 지나가면 무조건 인사하라고 가르쳤던 부모님이셨고 우린 당연한 거라고 여겼다. 지금에 비한다면 그때의 우리는 나름대로 착했던 어린 시절이었다.

　점심때가 지난 후 할머니와 손녀가 탔다.
　"강변역 버스 터미널입니다."
　"할머니, 서울 왔다 가시나 봐요?"
　"아뇨, 손녀랑 1박 2일 속초로 여행갑니다."
　할머니의 우쭐한 마음이 담긴 답을 주신다.

"손녀가 최고네요. 요즘 젊은이들 바쁘다는데 시간 쪼개서 할머니랑 여행도 떠나고 부럽습니다."

알뜰살뜰 챙기는 손녀를 룸미러로 보면서 사람의 본성은 밝고 맑다는 걸 알게 되었다. 내리사랑을 본받고 자란 이는 치사랑도 할 줄 안다. 대다수가 가르쳐 주지 않아도 자식 사랑인 내리사랑은 당연하다고 여기고 치사랑은 한마디로 타고난 효자 아닌 이상 쉽지 않은 일이다.

요즘엔 먹고살아야 한다는 이유로 늙은 부모를 요양병원이나 요양원에 모신다. 평생 자식 뒷바라지한 부모는 그곳에서 세상을 하직한다. 자식 여럿 있어도 효자는 하나라는 말도 있다. 할머니와 손녀, 이들에게는 너무나 소중한 시간이 분명했다. 두 사람이 타고 가는 내내 내가 더 행복했다. 일 년 사계절 따라 단둘만의 여행을 가볍게 다녀온다고 한다. 시간이 길다고 행복한 건 아니다. 계절이 바뀔 때마다 두 사람은 그 시간을 손꼽아 기다릴 것이며 가슴은 콩닥콩닥 뛰고 있을 게 보인다. 사랑 담긴 효도가 별거 있던가, 유쾌한 할머니와 손녀의 여행을 박수로 배웅했다. 타고난 효녀가 분명했고 할머니가 부러웠다.

이렇게 또 깨우쳤다. 세상살이는 배우기도 하며 자신을 깨우치기도 한다. 세상은 배움터가 맞다. 그래서 난 비록 힘에 겨워도 날이 밝으면 다가올 무언가를 두근두근 기다릴 때도 있다. 오늘은 자식

같은 젊은 사람에게서 자신을 돌아보라는 언질을 받은 날이었다. 할아버지 소리에 웃음이 익숙하게 번지게 된 지도 벌써 몇 년째이던가, 사랑을 내가 먼저 자식들한테 실천해야 하겠다. 자식들에게 대우받기 위해서가 아니라, 사람다움을 알려주고 싶다. 부모가 온 효자여야 자식이 반 효자라는 속담도 있다. 부모가 있어 내가 존재하는 것이고 자식이 있어 부모라는 말을 듣는 것이다.

  나는 아버지만 계셨다. 그리고 키워준 양어머니가 있었다. 하지만, 내가 겪은 십 대에는 그들은 모두 내 곁에 있지 않았다. 자기를 위해서 그들이 떠났기 때문이다. 가끔 외로울 때도 있었지만, 그렇게 슬프지는 않았다. 세월의 파도는 날 잠자코 있게 하지는 않았다. 벅찬 세상을 이겨내기엔 많이 부족했지만 그래도 이겨내고 여기까지 왔다. 그들이 세상을 떠나게 되었을 때도 보기도 싫어 가고 싶지 않았지만, 보란 듯이 그들 앞에 정정당당하게 설 수 있었던 건 내가 내 자식에게 보여 주기 위함이다. 내 부모처럼 자식을 외롭고 슬프게 키운 대물림이 싫었기 때문이다. 이런 마음을 지녔던 나도 한때는 위기가 찾아왔지만, 난 확고한 마음이 있었기에 추스르고 다시 돌아와 이만큼 살아왔다. 자신이 올바르게 살아야 대우받고, 자기가 자신을 절제하고 다듬어야 인정받는다. 현재처럼 살아가며 직접 실행으로 옮기는 삶을 살아야겠다고 재다짐을 하는 하루였다.

  행복의 한쪽 문이 닫히면 불행이라는 다른 쪽 문이 열린다. 우리가 살아가며 여닫는 문은 행복과 불행의 문은 상반된 문이다. 그러나 흔히 우리는 닫힌 문을 오랫동안 보기 때문에 우리를 위해 열려 있었던 다른 문을 보지 못한다는 헬렌 켈러의 말이 생각났다. 사람들이 서로의 마음을 존중하며 배려하고 이해하며 살았으면 정말 좋겠다. 바로 그게 바로 사랑이니까.

한국인의 마음 모양은

 봄이 봄다워야 하는데 들쑥날쑥한 온도 탓에 꽃망울이 갈피를 못 잡는 거 같다. 백목련과 자목련 그리고 개나리와 진달래를 짓궂은 시샘 바람이 흔들어 놓고 간다. 연분홍 벚꽃은 나래를 활짝 폈나 싶더니 그새 꽃잎을 떨어뜨린다. 봄꽃이 서둘러 피고 지는 것도 요즘 시대의 한국인 마음을 닮아가는가 보다. 코로나 이후 더 심해지는 것 같다.

 직진 차선에 여성 승객을 태우고 정지선 앞에 서서 신호가 바뀌길 기다리고 있었다. 뒷좌석은 핸드폰 불빛으로 환했다. 신호등 녹색 신호가 켜지자마자 좌회전 차선에 서 있던 차량이 급하게 직진 차선으로 진입했다. 난 급하게 브레이크를 밟았다.
 "아저씨, 운전을 어떻게 하시는 거예요."
 뒷좌석 승객은 내게 소리를 버럭 질렀다.
 "제 잘못이 아니고 좌회전 차량이 갑자기 끼어드는 통에 죄송합니다."
 여성 승객의 목소리에는 화가 잔뜩 실렸다. 승객의 반응이 심상치 않아서 급하게 위반 차량을 쫓아가 정차시킨 후 사과를 요구했다.
"아저씨는 위반하지 않고 다녀요?"
운전석 중년 남성은 도리어 날 야단친다. 기가 막힌 말에 난 대꾸 없이 112로 신고했다.

"혹여 이 사건으로 나중에 몸이 아프시면 연락해 주세요."
여성 승객에게 내 전화번호와 차량 번호를 건네주고 경찰이 올 때까지 기다려달라고 했다. 경찰에게 블랙박스를 건네줬다.
"경찰관님, 승객이 출근 시간에 늦어서 목적지까지 데려다주고 바로 경찰서로 가겠습니다."
경찰관의 허락을 받고 승객을 목적지에 도착시켰다. 경찰서에 도착하니 상대 운전자는 미접촉 사고로 합의를 하자며 말을 꺼낸다. 미안하다는 말 한마디 건네질 않는다. 상대 운전자의 전화번호와 차량 번호를 받아 승객에게 전화했다.
"아저씨, 저 좀 있다가 병원 갈래요."
"상대 운전자를 바꿔드릴게요. 이야기 나누세요."
상대 운전자의 미지근한 사과와 함께 택시 회사 입금액을 받고 퇴근했던 마음 상한 날이었다. 한마디 사과였다면 서로가 웃을 수 있고 순탄한 하루였을 수도 있었다. 간혹 잘못하였음에도 잘못을 인정하지 않는 못된 습관을 지닌 이들을 제법 본다. 자기 우선이고 자기가 한 언행은 옳다고 우긴다. 자기가 최고의 존재인 줄 착각하고 사는 사람이 많다는 걸 택시 운전하면서 자주 겪는다.

1970년대에는 외국 서적이나 냉전 시대 뒷말을 불법으로 인쇄한 책들을 서점이나 손수레에서 팔았다. 제목도 기억나지 않아도 특별한 내용으로 기억나는 책이 있었다. 간단하게 내용을 말하면 미국의 CIA에서 앞으로 세계를 장악하기 위해 각 나라 민족에 대한 성향 조사를 몰래 했다고 한다. 책에 쓰여 있던 문답이 웃기다 못해 씁쓸해서 기억하고 있었다.

"조사 결과는 다 나왔는가?"

"네, 국장님."

"별다른 이상한 거는 발견하지 못했나?"

"다른 나라는 파악이 되었는데 남한에 대해서는 답하기가 곤란합니다."

"무슨 말인가?"

"한국인 한 명을 미국인 백 명이 못 이기고 한국인 백 명을 미국인 한 명이 이길 수 있습니다."

여기에 대한 설명이 있었다. 즉 한국인 한 사람 한 사람이 뛰어나서 상대하기 힘들지만, 많이 모인 한국인을 서로 이간질해 싸우게 한다면 손 하나 댈 필요 없이 그들은 서로 다투며 무너진다는 설명을 읽으며 한국인을 잘 나타낸 말이라고 생각했던 기억이 있다. 반세기가 지난 지금도 대한민국은 그 책의 내용과 별반 다르지 않다.

서울 시내에서 외국인이 택시 타는 모습이 낯설지 않다. 취업 전선에 뛰어든 조선족이 제일 많이 타고 동남아 사람들도 간혹 탄다. 한국에 와서 여러 가지 겪은 이야기를 듣고는 했다. 외국인이 뽑는 장단점에서 가장 빨리 배우는 말이 뭐든지 빨리하라는 말이었다고 한다. 그들은 한국인의 아이디어와 창의력에 놀라기도 했다며 칭찬했다. 서로에 대한 경계의 시간도 그리 길지 않아서 좋았다고 한다. 시간이 흐르면 어느새 정감이 듬뿍 담긴 따뜻한 배려를 대다수 한국인은 베푼다고 말한다. 택시에 탄 외국인이 본 한국인의 단점은 툭하면 누구와 누구를 비교하고 탓을 너무 많이 한다고 한다. 누구는 이만큼 하는데 왜 못하냐는 핀잔도 자주 듣는다고 한다. 한국에서는 한 가지가 아닌 여러 가지를 다 할 줄 알아야 한다며 한숨을 쉬는 외국인도 봤다. 가장 힘든 건 이구동성으로 자기 잘못은 전혀 없다고 우긴다고 한다. 잘못했으면 깨끗하게 시인하면 다 해결이 될 텐데 대다수 한국인은 실수한 사실을 인정 못 하는 게 더 답답하다는 십 년째 산다는 외국인의 말이다.

사실 사회 일각의 한정판 같은 사람이 사람으로서 도가 지나친 언행을 일삼는 것을 여러 매체를 통해 들을라치면 탄식하는 소리가 입술을 비집고 나오긴 한다. 난 택시에 탄 외국인에게 말한다. 한국 사람은 외면보단 내면을 더 중시하고 화려함보다는 정갈함을 중시한 민족이기에 표현함이 좀 부족하며 대인관계가 능숙하지 못한 이유가 한몫했다고 전한다. 장점으로는 보는 한국인은 부지런하고 꾸준하며 열심히 살아가는 사람이 많다고 그들은 말한다. 그들은 하나같이 한국인에 배울 게 많다는 걸 인정했다. 복잡다단한 현실 사회의 갈등 문제 해결에도 진전이 있을 거라며 모두는 이웃이라고 말했다.

현실에 사는 내가 겪은 바로는 솔직히 돈 앞에 인정 따위는 없다. 냉정하게 짚는다면 언제부턴가 인간도 서로가 동등하다는 가치관이 무너져버린 대한민국이다. 택시를 운전하게 되면서 차량 운전자를 통해 본 한국인의 인격을 다시 보게 되었다. 나 또한 똑같은 사람이 되어 가는 중이긴 하다. 특히 운전 중 핸드폰 사용이 큰 문제 같다. 필요한 경우 오픈으로 통화하거나 이어폰 또는 블루투스를 이용해도 되는데 왜 한 손으로 핸들 잡고 전화하는지 도무지 이해할 수 없다. 운전 중 오락도 즐기는 모습도 본다. 여성 운전자의 화장하는 모습도 종종 목격한다. 자신이 한 무리한 차선 변경을 도리어 상대방에게 욕설하는 게 기본이다. 어쩌다 이렇게 되었는지, 코로나로 인하여 예전보다 더 쉽게 흥분하고 쉽게 가라앉는다. 예를 들면 열정적으로 넓은 곳으로 뛰쳐나가기도 하고 돌아서면 빌딩 숲으로 숨어드는 게 한국인 대다수 모습이다.

한국인의 마음 모양은 어떻게 생겼을까, 위정자와 사회 지도층의 변화가 없다면 대한민국은 지구에서 실종된 국민이 될 것이고 없어지는 나라가 될 것이다. 개개인의 기본마저 실종이 된 지는 오래되었다. 사람을 보는 보편적인 기준을 겉모습과 직업으로 판단하는 사람도 많다. 잘하는 걸 인정하고 못 하는 걸 보완하는 협력적인 사회 구조가 실종된 대한민국이다. 많은 시간에 쌓이고 쌓인 생각에 빠른 변화가 오겠는가, 내가 진정 바라는 대한민국은 대한민국다워야 하고 열강에서 벗어나 실질적으로 자주독립해야만 한다.

떨어진 벚꽃 잎이 지나치는 바람에 낱낱이 흩어져 날린다. 아침이 면 동해에 밝은 빛을 머금은 태양이 어김없이 떠오를 거다.

팔자 도망은
못 하지

모순적이고 미로로 반복된 현실을 벗어나고 싶어서 누구나 행운을 꿈꾼다. 우연을 빙자한 행운이 찾아오기를 누구라도 한 번쯤은 은근한 기대는 했을 것이다. 난 거부할 수 없었던 작은 공간 택시 안에서의 내 삶을 쓰며 행운 아닌 노력을 시작했다.

나는 새해를 맞이하면 설날까지 특이한 인사를 승객에게 건넨다.
"새해 건강하시고 올해는 로또 복권 2등에 당첨되세요."
승객은 감사하다는 말보다 무슨 뜻인가 싶은 얼굴로 날 쳐다본다.
"기사 아저씨, 이왕이면 1등에 당첨되라고 해 주세요."
승객들은 여유로운 웃음으로 내 인사를 맞받아치곤 한다.
"지금 행복하지 않으세요? 굳이 로또 1등 당첨으로 지금의 행복을 바꾸고 싶지는 않으시잖아요. 행운은 불행도 같이 다닙니다. 2등 당첨 금액 수천만 원으로 현재 있는 그대로 행복하셨으면 하는 인사입니다."
"그렇게 깊은 뜻이 숨어 있는 인사였네요."

승객과 난 한참을 웃는다. 가끔 우리는 논리적으로 행복을 따지기를 좋아한다. 그 와중에 누군가를 기준 삼아 욕구를 충족하려는 집착도 생기게 된다. 뭔가를 붙잡으려는 집착을 방치하다 보면 결국은 자신을 조절하지 못하는 상태가 된 경우도 봤다. 일방적인 통행 방식으로 결국 나로서 살아갈 용기마저 잃게 된 경우가 허다하다. 나도 매주 5천 원을 투자해서 로또 복권 자동 구매로 혹시나 하는 기대도 슬쩍 하곤 한다.

로또 복권 역대 최다 당첨금액은 2003년 4월 12일 19회 때 나온 407억 2,296만 원이다. 18회에 당첨자가 없어 이월된 뒤 19회 당첨자가 춘천에서 1명만 나와 가능했다. 큰아들이 춘천에 근무할 무렵 명절 선물이랍시고 최고액이 당첨된 그 집에서 사 왔다며 온 가족에게 나눠주었던 기억도 있다. 물론 5등도 안 된 복권이었다. 다른 기록을 찾다 보니 재미있는 사건 아닌 사건이 많았다. 제1,003회 로또 복권에서 1등 번호만을 5번 써낸 한 당첨자가 90억에 당첨된 입금 명세가 공개되기도 했다. 제1,018회 추첨에서 1등 당첨자가 고작 2명밖에 나오지 않으면서 1명당 약 120억이라는 엄청난 당첨금이 지급되며 화제가 되기도 했다. 제1,019회에서는 더 많은 사람이 복권을 구매한 덕분인지 1등 당첨자만 무려 50명이 나오는 이례적인 결과가 나왔고 약 4억 원 정도의 당첨금을 받는다고 했다. 한 방에 대박 나는 로또 복권이나 20년 동안 나누어 받는 연금 복권이나 긁어 맞추는 스피또 복권 사는 이들에 대해 일부 사람은 사행성이라고는 하지만, 서민에게는 비상 탈출구일 수도 있다.

부동산으로 부를 쌓은 친구도, 사업 운이 좋아 대박 난 친구도, 평생 육체가 닳아야 먹고사는 친구도 있다. 팔자 도망은 못 간다는 속담도 있다. 억지로 되는 것은 이 세상에 없다. 부와 권력을 아무리 많이 지녀도 시간의 한계를 못 넘긴다는 걸 우리는 많이 보고 겪었다. 책을 만 권 읽고 깨달아도 본인의 작은 움직임이 없이는 변하는 게 없다는 걸 나 역시 깨달은 지 얼마 되지 않았다.

　밀레니엄 시대가 오기 전 연이은 사업 실패는 나를 코너로 몰고 갔다. 숨어 지내던 산중 생활 육 개월도 무엇 하나 제대로 건진 게 없는 나만의 도피 행각이었을 뿐이었다. 오롯이 나만 힘들고 지쳤다는 어리석은 생각은 가장이 제자리로 돌아오길 가슴 조이며 기다리고 있었을 가족을 잊게 했다. 잠시 돌아온 현실에도 해결점을 찾으려 하지 않았는지도 모른다. 가족이 눈에 보이는 여유조차 없었다. 그러나 머릿속은 가족이 머물 수 있는 공간이 꼭 필요했다는 걸 잘 안다. 크지도 않은 적은 돈 마련이 이리 어려울 줄은 미처 몰랐다. 급기야 내가 죽어서라도 작은 보상금이라도 받을 수 있게끔 우연찮은 사고로 보이는 자살 시도를 세 번이나 시도했지만, 다 허사가 되었다. 미신적인 말이라 신경 쓰지도 않았던 말이었지만, 당신 이름 석 자에 죽고 싶어도 마음대로 죽지 못하는 드센 운세가 깃든 이름이라던 어느 작명가의 말이 떠올랐다. 돌아보면 신기하긴 하다. 어느 땐 강재에 깔리고, 어느 땐 강재에 떨어지면서 두 팔이 부러지는 충격과 허리를 심하게 다쳤어도 다행히 회복이 빨라 치료가 잘 되었다. 천당과 지옥을 자주 오갔다. 택시 기사로 3년째 근무하던 해에 또 오른쪽 무릎 연골이 깨지는 상처를 입어 지금도 오른쪽 다리가 조금 불편하다. 택시 기사 직업을 벗어나려고 세 번이나 시도했었다. 인생은 유수와 같다는 자칭 인생을 깨달았다는 이들의 말에 가끔 동의도 한다. 태어나면서부터 자기 팔자는 안고 태어나는 거라는 옛 어른 말도 생각난다. 지금은 주어지는 하루는 그저 하루일 뿐이니 후회하지 않고 최선을 다하는데 목표를 두고 산다. 아내는 쓸데없는 근심 걱정이 일을 크게 만들 뿐이라는 소리 높여 가끔 쏘아붙인다.

요즘처럼 자기 이익을 최우선 순위에 두고 행동하는 사람과 기업이나 정치인을 바라볼 땐 참 한심스럽다. 그들은 무언가를 선택했을 때 좋은지도 나쁜지도 모르고 선택했다가 좋으면 좋고 나쁘면 할 수 없다는 자기 위안에 빠지는 모습을 보인다. 결국 최종 결과에서 악은 패하게 되어 있다. 그런 몇 사람 때문에 너그럽고 품위 있는 많은 이들이 도매금으로 덤터기를 쓰게 된다. 사람들은 어떤 게 진실이라는 것을 안다. 세상을 넓고 깊게 밝히려고 노력하는 이들을 볼 수 있다. 그들은 속 깊이 작은 불빛을 지니고 있을 것이다.

항상 실수하고 때론 성숙하지 못할 때도 있고 그리 현명하지도 않고 부족한 것뿐인 우리라고 해도 긍정이라는 좋은 생각은 세상을 헤쳐 가기 위한 올바른 판단을 제공하며 행복하기 위한 방법이 된다. 누구는 팔자는 제 하기 나름이라는 말에도 공감한다. 그러나 그 팔자는 사람마다 길고 짧다. 결국 돌아보면 팔자는 누구에게나 공평하다는 게 내가 살아온 팔자에 대한 경험이고 내게 준 팔자가 복이다.

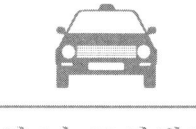

십 년 고시생의
포기와 선택

　달력 숫자를 셀 틈도 없이 새해 첫 달이 순식간에 지나갔다. 하도 수상한 시절이라 날씨도 싱숭생숭 찌푸린 날씨다. 오늘은 불가피하게 오후 운행을 하게 되었다. 퇴근 시간이 가까운데도 승객이 없다. 빈 차로 운행 중에는 라디오가 가장 친한 친구다. 팬데믹은 뉴스 시작으로 아예 자리 잡았다. 시사도 즐겨 듣는 편이다 보니 진행자의 걸출한 입담에 생각하지 말아야 할 생각은 늘 찬반으로 나누어 다툼한다. 청년들의 취업이 요즘의 화두다. 결혼과 주택 문제로 하루 한 번은 뉴스로 나오지만, 대답할 사람의 대답은 안중에도 없다.

　승객 대다수는 서민이다. 팬데믹에 지친 승객들은 이구동성으로 코로나로 인해 경기가 어렵다고 한다. 사람들이 만나서 나누는 대화의 중심은 먹고사는 이야기다. 장기적으로 이어진 팬데믹에 불안 심리가 급증해서 그나마 소비가 더 나빠졌다고 하소연한다. 젊은 층에는 사회 진출인 취업이라는 출입문이 굳게 닫힌 현실이어서 희망이 아예 없다고 한다. 일단 사회생활이든 무엇을 하든 시작이 중요한데 시작조차도 못 하는 현실이라고 한다. 모두 왜 간판이 그리도 중요한지 모르겠다고도 한다. 너도나도 취업에 집중하는 모습을 내가 봐도 안타까운데 당사자인 젊은 친구들은 얼마나 마음고생이 심할까 가슴이 찡하다.

 자기 재능과 좋아하는 일을 찾아 시간과 노력을 투자하는 것도 괜찮을 것 같다는 말에도 승객인 젊은 청년들의 대답은 이러했다.
 "우리나라 사람은 현실만 봅니다. 미래를 보질 않습니다. 기본적으로 대학은 나오고 재벌 회사라는 간판이 중요하고 연봉이 얼마인가를 먼저 봅니다."
 "어릴 적 친한 친구도 어떻게 사회 진출을 했느냐에 따라 우정이 랍시고 이어집니다. 어쩔 수 없이 비슷한 처지의 친구들만 만나게 됩니다."
 "해를 넘겨 이성 교제를 하고 있다면 사랑하는 정도가 깊어졌다고 할 수는 있지요. 서로가 서로에게 자신을 알리고 당당하게 이중 삼중 데이트를 즐기면서 서로에 대한 지적 능력이나 물질적 능력을 비교하기도 하는 게 우리 세대입니다."

 이처럼 젊은 승객이 건네는 이야기를 늘어놓아 보았다. 하긴 내 자식이라고 비교를 안 당했을 리 없을 것이다. 대학 시절 사귀는 친구가 있는 줄 아는데 어느 날 보면 헤어진 상황이란 걸 바로 알 수 있었던 기억도 있다. 몇 년간 떠들썩하게 뉴스를 장식하던 대한민국 최고의 회사 자녀도 계층을 무시하고 결혼했지만, 결국 이혼 재판을 하면서 입방아 찧는 가십거리가 되었었다.

　환경이 비슷한 친구들 여럿 모여서 봄날 바람처럼 뻔질나게 쏘다녔던 추억의 미아리 고개 언덕 옆 아파트 단지에 승객이 내렸다. 내가 다니던 중학교는 종로에 있었다. 또래 친구들과 미아리 고개를 걸어서 넘어 다녔다. 이유는 용돈이 궁한 나머지 버스비라도 아껴서 친구들이랑 군것질하며 학교가 있는 종로에서부터 친구와 장난치면서 집으로 가곤 했다. 그때 당시에도 80%의 빈과 20% 부 차이는 있었다. 중학교 들어오기 전에 과외 받은 친구들은 영어 과목을 절반이나 배우고 입학했다. 난 2학년에 올라가고 나서야 그들의 발목까지 따라갈 수 있었지만, 그 후부터는 기억하지 않으려 한다. 좋고 나빴던 추억이 밴 미아리 고개가 이제는 좌우로 삐죽하니 들어선 아파트 단지에 가려 그렇게 높던 미아리 고개는 이제는 낮아져 보인다. 멈춘 김에 택시를 세우고 불어오는 바람이 차가워지는지 햇살을 바라보며 잠시나마 옛 생각에 빠졌다.

　호출이 핸드폰 화면에 순식간에 떴다가 지워지길 몇 차례 반복한다. 승객과 운전기사의 인연은 정해져 있을 터 굳이 서두르지 않는다. 신림동 고시원 호출은 누구도 반기지 않는지, 잠시 호출 화면에서 머문다. 꾹 눌러 선택하고 속도를 올렸다.
　"어서 오세요."
　"빠르게 가시려면 순환도로로 조금 돌아가야 합니다. 어느 방향으로 갈까요?"

"기사 아저씨, 그냥 시내로 가 주세요."
"퇴근 시간이라 많이 늦을 수 있습니다."
"네."

룸미러에 비친 승객은 과히 취해 보이지는 않았다. 주말이라서 친구와 한잔하고 들어가려니 싶어 택시의 속도를 올렸다. 오늘따라 신호등은 빨간 불로 어지간히 제동을 건다. 승객이 내쉬는 공기 흐름에는 술 냄새가 배어져 있어 찬 공기가 필요했다.

"대학교 동기랑 거의 십 년 만에 만나서 가볍게 한잔했습니다. 분위기가 썩 좋지도 않았습니다."

마스크 틈새로 배어 나오는 한숨 소리는 자신에 대한 질타의 무거움도 얹혀있었다. 기다렸다는 듯이 그의 입술은 그간 갇힌 생각을 봇물 터지듯이 쏟아냈다. 그의 말을 빌리자면 이렇다. 서울대 법대 출신이란다. 십여 년 전 졸업도 하기 전에 사법 고시에 붙어 미래가 보장된 학교 동기를 오늘 오후에 만났다고 한다. 학창 시절 수줍던 동기는 현직 검사라는 직책을 가지고 있는데 눈매나 말투에서도 저항할 수 없는 느낌을 받았다고 했다. 세상을 시끄럽게 했던 사건도 맡으며 말 못 할 사연을 나누다 보니 조금 이해가 되었다고 한다. 어느 직업이든지 거기에 맞는 어두운 그늘은 있다. 누구에게든지 맞닥뜨린 신분의 변화는 그 사회에서 적응을 강요당했고 강요했어야만 했는지도 모른다. 직장 생활은 서로를 옭아매어 한 묶음이 되어야 한다는 의식이 깔려있어 가끔 환멸도 느꼈다는 동기의 말에 공감했다고 한다.

십 년 신림동 고시촌 생활이 진절머리 날 만도 하지만, 삶의 습관이 되어버렸다는 자책의 눈빛은 룸미러를 채웠다. 지금은 고시 공부를 그만두고 행정고시 1차를 통과했다고 한다. 자신이 자신도 모르게 꼼지락꼼지락 변화를 모색하고 있다고 그는 말했다.

　집착을 넘어선 지나친 자존감은 곧잘 추락도 경험한다. 자신조차도 모르게 허우적거리면서도 의도적이라고 자신을 미화시키며 즐기기까지 하는 경우도 봤다. 변화에 적응한다며 두둔하기도 하고 유난히 남을 의식하고 비교하는 자신을 부인할 수는 없다. 나도 모순된 자기 파괴 의식을 지니고 있다. 난 옳다, 난 강하다는 의식이 뇌 속에 심겨 있었다. 어느 계기를 통해 일부나마 난 정화할 수 있었다. 남에게는 한 치의 피해는 주지 말아야 하는 건 당연하다. 사람이 모여서 사는 건 쉽지만은 않은 일이다. 각자가 행하는 삶의 추구 방식이 다르기 때문이다.

　사람이 사람을 규정하는 법은 정확히 지켜져야 하고 사람으로서의 기본 질서 역시 정확하게 지켜야 한다. 옳고 그름을 정확히 하는 것에 냉정해 보이지만, 자신이 내린 결과는 미래적으로는 옳다고 생각한다. 오늘은 자신을 돌아볼 수 있었고 많은 것을 생각해 보라며 말미를 건넨 승객의 이야기였다. 내 속의 내가 날 조종하고 있다는 사실로 세상과 싸우는 게 아니라, 자신과의 싸움에서 이겨내야 하는 게 인생이라는 것을 다시 새겼다.

너 나 우리

코로나가 지구촌을 뒤덮은 지, 벌써 햇수로 삼 년째. 모두 숨 가쁜 붉은 얼굴이 된 일상사는 이어지고 있다. 하루 50만으로 치솟은 확진자는 2022년 4월 확진자 숫자가 1,500만이 넘는 정점을 찍고 줄어들고 있다. 오미크론에 감염이 안 된 사람을 어울리는 친구가 없다는 뜻으로 왕따라고 놀리기도 한다. 올해 상반기 안에 현행 거리두기를 해제할 거라고 한다.

꽃바람이 바람에 내달리며 심술을 부린다. 올해는 봄바람이 아니라 강풍이 분다. 강원 경북에는 큰 산불로 피해가 컸다. 코로나도 태워 버렸으면 좋겠다. 자연의 습격이란 가상이 현실이 된 이유도 있겠지만, 나는 욕심을 부리는 소수의 인간 때문이라고 생각한다. 지구엔 인간이 너무 많은 게 사실이다. 지구가 자기 정화를 시작할 때가 다가오고 있다.

승객 세 사람이 타면 예상대로 덩치 큰 승객이 운전석 옆 앞자리에 앉는데 내가 가장 싫어하는 탑승 방법이다. 승객은 편할지 몰라도 택시 기사로서는 상당히 불편하다. 코로나가 한참 극성일 때는 두 사람 이상 승객은 승차 금지하라는 서울시 공문도 있었다. 승객은 한 번 승차로 끝나지만, 택시 기사에 대한 안전을 배려하는 승객은 어쩌다 한두 명 정도였을 뿐이다. 난 불편한 기색을 마스크로 가릴 수 있어서 그나마 다행이라 여겼다. 승객이 뒷좌석에 타면 앞쪽 차창 양쪽을 조금 열어 환기할 수 있었다. 불가피하게 승객이 앞에 앉는 경우는 승객의 몸이 불편해서 병원 갈 때 앞뒤 좌석에 나누어 탈 때와 간혹 멀미가 너무 심해서 타는 경우가 있다. 어쩌다 차내에서 음식물을 먹는 승객도 있다. 오죽하면 그렇겠는가 싶은 마음에 차창을 열고 갈 수밖에는 없다. 방역 수칙을 모르는 건 아닐 테니까, 서로 지킬 건 지켰으면 좋겠다.

  거리 두기가 조금씩 해제되면서 한 잔 술이라면 딱 좋으련만, 제 몸 하나 가누기도 어려울 지경인 승객이 점차 눈에 띄게 늘고 있다.
"아저씨는 코로나 감염된 적 있으세요?"
"아니요. 전 양성 판정받은 적 없어요. 하루에 두 번 정도 차량 내외를 깨끗이 세차합니다. 저 같은 경우 소독제 스프레이로 근무 중에 두세 번 정도 차내에 뿌립니다. 빈 차로 운행할 때 가능하면 차창 열고 운행하고 승객이 내리고 나서 차창 열고 차내 환기합니다."
"아저씨는 철저하시네요."
"병원에 근무하시는 승객에게 물어보면 거의 다 비슷한 방법을 알려주더라고요. 코로나가 시작할 때부터 나름은 철저히 지키고 있어요."
"전 확진 판정받고 진짜 너무너무 아팠어요. 지금도 컨디션이 별로 안 좋아요. 후유증도 오래간다고 하더라고요. 어떤 친구는 평상시처럼 지내다가 치료가 끝났대요."

"큰아들네 두 손자는 이삼일 정도 아팠는데 놀 거 다 놀고 형제 간에 싸울 거 다 싸운다고 하더라고요. 단지 잘 먹던 아이들이 덜 먹는다고 하네요. 사람마다 아픈 게 다른가 봐요."

"그래도 조심하세요. 잘 왔습니다."

"좋은 하루 보내세요."

요즘은 오미크론으로 확진되었다가 해제된 승객이 자주 탄다. 난 PCR 검사를 한 달에 평균 두 번은 꼭 받는다.

가족이 오미크론을 겪으면서 알게 된 전문가의 말을 살짝 옮겨본다. 오미크론이 약하다는 것은 생명을 위협할 가능성이 작다는 이야기일 뿐 아프지 않다는 뜻이 아니다. 오미크론은 목구멍에 심한 염증을 일으키는데 우리 몸은 세균에 대한 면역이 상상외로 강해서 통증도 강하다고 한다. 우리 인체 내부는 무균 상태인데 여기서 병원체 흔적이 검출되었다는 것은 외부 방역 벽이 뚫린 응급 상황이라는 의미이다. 따라서 인체의 모든 세포는 이 인터페론 경고에 반응해 정상 기능을 멈추고 바이러스 감염에 대비하는데 그 결과가 몸살이라고 한다. 또 다른 특징은 발열과 오한이다. 이는 특히 어린이에게서 흔하다. 세포 온도가 올라가면 우리도 괴롭지만, 바이러스의 증식도 억제된다. 선천적 면역이 준비되는 시간을 벌기 위해 전체 세포의 기능을 떨어뜨리는 이판사판의 물리적 수단이 동원되는 것이라고 한다. 열은 오를 때도 괴롭히지만, 열이 떨어질 때 더 괴로운 이유로는 심한 오한이 일어나기 때문이다. 특히 면역이 미성숙한 어린이는 인후염 증상보다는 발열 같은 전신 증상이 주로 나타난다. 감염이 빈번하여 인터페론의 분비가 어른보다 쉽게 일어나게 설정되어 있고 체온 조절 기전도 미숙해 열이 더 오르내리기 때문이다. 불행 중 다행은 발열 증상은 선천 면역이 제대로 개입했다는 의미라는 것이다. 아이가 열이 펄펄 나면 겁이 나겠지만, 사실 이는 오미크론 감염이 별 탈 없이 끝난다는 예고라고 한다. 따라서 해열제로 열만 잘 조절해 주면 된다고 한다.

아내와 큰며느리는 열도 높고 몸살 기운에 목소리까지 변할 정도로 앓았다. 우리 가족이 겪은 오미크론 증세는 주변 친구들이 겪은 증세와 비슷비슷했다. 집사람은 완치하고 시일이 상당히 흘렀음에도 마른기침을 계속했다. 마른기침은 괴롭지만, 일단 세균에 의한 2차 감염은 일어나지 않았다는 의미이기도 하다고 한다. 수분 섭취가 가장 중요하다. 기침은 바이러스를 밖으로 배출하려는 정화 작용이기 때문이다. 회복 기간은 일어났던 염증의 범위나 강도에 따라 다르지만, 평균 한 달 정도 걸린다. 이 증상들은 바이러스가 남아 생기는 것이 아니라 염증 피해 복구가 되는 과정에서 발생하기 때문에 너무 걱정하지 않아도 된다는 거다.

지구엔 수많은 생명의 뿌리를 내리고 더불어 살아가고 있다는 사실을 서로 인정하고 받아들였으면 좋겠다. 북극과 남극 그뿐만 아니라, 유럽의 고산이나 히말라야산맥을 중심으로 기온이 급상승하면서 수억 년 걸친 빙하가 녹아내릴 거라는 환경 단체의 우려 섞인 뉴스가 자주 눈에 띈다. 얼마 전에도 알프스의 빙하가 녹으면서 이웃 나라와의 국경이 문제 되고 있다는 뉴스도 봤다. 잊었던 세균의 출몰로 코로나는 예고편일 뿐이라는 게 다수 연구원의 소견이라는 뉴스도 봤다.

 다음 세대 반짝이는 눈망울을 지닌 자손을 생각해 보자. 대한민국 한 사람 한 사람이 음식물 처리와 쓰레기 분리수거에도 적극적으로 앞장서야 한다. 너 나 우리가 모두 오늘부터 환경 보호를 실천으로 옮기는 행동을 시작하자.

동백꽃
사랑

  봄꽃이 피면 활기가 좀 생기려나 했는데 그런 기대는 산들산들 봄바람에 흩어졌다. 팬데믹 후유증으로 수입이 줄었다며 투덜대는 동료 기사들 얼굴은 희읍스름한 달빛을 닮아간다. 택시 기사라는 직업은 불특정 다수 승객의 세상살이와도 가깝게 연결되어 있다는 걸 내가 직접 겪어보니까, 고개가 끄덕여진다.

  새벽 도로는 질주 본능을 자극한다. 미적거리던 차를 따돌리며 과속으로 다른 택시를 추월하면서 근처 먹자 골목길로 들어섰다. 맞은 편에서 보내는 승객의 승차 신호에 목구멍이 포도청이라는 변명으로 주저 없이 불법 유턴들을 자행한다. 가끔 빈 차라는 열등감이 작용해 택시들은 지그재그로 경쟁하기도 한다. 뺏앗기기 싫은 이기심을 드러내기도 한다. 원칙대로 살아야 한다는 삶의 올바른 이치를 익힌 나 역시 벗어날 수 없는 인간의 속성으로 불법 유턴과 신호 위반을 심심치 않게 자행하고 있다.

"어서 오세요."
"보문동 거쳐서 수유리 갈게요."
"알겠습니다. 먼저 내리실 곳은 미리 말씀해 주세요."
"터널 지나서 바로 한 사람 먼저 내립니다."

승객이 귀찮다고 할 수도 있지만, 미리 승객의 목적지까지 동선을 알고 있어야 안전 운행을 할 수 있다. 나만의 운행 방법이다. 얇은 술 냄새가 좁은 차 안에 확 퍼진다.

젊은 남녀의 대화는 연인이 아닌 동료였다. 서로가 꽤 잘 아는 여성의 이야기였고 듣고 있는 내 귀가 잘못되었나 의심케 하는 대화였다. 운전하는 데 집중할 수 없을 정도로 상식 밖의 이야기였다. 그들의 대화를 요약하자면 이렇다. 연하의 남성과 조건 없는 동거 생활 중에 두 사람이 아는 여성이 임신이 하게 되었다고 한다. 해산일이 가까워져 오는데 두 사람 다 결혼하려는 진전이나 대책은 전혀 없다는 것이다. 남자는 여성의 임신에는 관심도 없이 저 좋은 대로 즐기며 살고 있다고 한다. 임신한 여성은 혼자 애를 낳아서 한 부모 자녀로 키우면 된다면서 걱정하지 말라고 두 사람에게 말했다고 한다. 정말 어이없고 한심하다는 두 사람의 대화는 계속 이어지고 있었다.

듣다가 하도 답답해서 두 사람의 대화를 가로챘다.
"아니 서로 사랑하는 사이 아니었나요?"
"사귈 때는 잘해주니까, 별생각 없었겠지요."
"아기를 가질 정도로 사랑했던 거 아닌가요?"

"남자가 좀 그랬어요. 알아서 해, 그런 식이었어요."

후유 긴소리가 목구멍을 타고 넘어왔지만, 뾰족한 수가 없지 않은가, 아기의 앞날까지는 그렇다 쳐도 억장이 무너지며 답답해졌다. 목적지에 온 남자 승객은 내렸다. 혼자 남은 여성 승객과의 대화는 이어졌다.

"양쪽 부모님들은 모르나 보죠? 아기가 문제이기도 하고 두 사람 사이가 원만히 해결되어야지, 안 그러면 아기는 평생 마음 아파요."

"저도 걱정이라, 아무리 이야기해도 듣질 않네요. 알면서 그러는지 모르고 그러는지 속을 전혀 알 수가 없네요. 언니랑 너무 가까워서 서로 속 얘기는 할 줄 알았는데 언니는 전혀 아니네요."

"사람의 마음은 알 수 없다잖아요. 손님 거의 다 오셨네요."

손님은 가방을 챙겨 들고 내렸다.

늙으나 젊으나 사랑은 아름답고 그 가치 또한 아름답다. 순간의 희락을 위한 연인들을 택시 승객으로 자주 태운다. 주말에 택시 타는 젊은 연인의 이야기를 듣다 보면 오히려 내가 이상한 나라에 온 엘리스 같은 기분이 든다. 오늘 만나서 오늘 인연을 맺고, 쉽게 쌓고 쉽게 무너진다. 아무런 의미나 망설임조차도 필요 없어 보인다. 내가 살아오면서 알 수 있었던 건 사랑은 값으로 환산할 수 없으며, 누구에게 보여 주려는 것이 아닌 누구를 위해 수고한다는 것이다. 부모가 자식에게, 자식이 부모에게, 선후배와 동료를 그리고 좋아하는 사람을 위해 수고하는 게 사랑이라고 알고 있다. 그녀는 앞으로 자신을 영원히 용서할 수 없을 것이다. 씁쓸한 내 마음은 봄바람에 떨어지는 꽃잎 같았다.

  한국인 정서에 맞지 않는 외국 문화를 아무런 준비 없이 받아들이는 것은 국가나 가정이나 개인도 상당히 심각한 정서적 문제라고 본다. 아름답지만 향기 없는 성 문화가 젊은 층에 확산하고 있다는 사실이 더 무섭다. 홀로 사는 이가 늘어나면 후일에 사회적으로 큰 걱정거리가 된다. 특히 성 문화는 큰 사건으로 비화할 확률이 높다는 게 전문가들의 이야기다. 범국가적 차원에서 보여 주기식 성교육보다는 유치원생부터 차근차근 교육 정책을 수립하여 시행해야 한다는 생각이 든다.

  승객 중에는 빈정거리는 말투로 이런 말을 건네는 사람도 있었다.
"기사 아저씨는 애인도 없어요?"
몰상식한 물음에 난 그냥 웃을 수밖에 없었던 적이 자주 있었다.
"자식이나 부모의 배우자가 당신처럼 행위를 그렇게 해도 이해하시겠네요."
대뜸 날 선 비수 같은 되물음으로 대답하고 싶은 마음을 꾹 눌렀다.

  인성 교육은 가정이 책임져야 한다. 부모는 자식에게 사회에 적응하며 자기만족의 삶을 살아가게 도와 줄 의무가 있다. 부모가 가정생활에 바르지 않고 뭐든지 괜찮다는 의식이라면 부모부터 당장 뜯어고쳐야 한다. 장년들이 가진 생각이 고루하다는 젊은이와 젊은이의 언행을 방종이라는 편견을 가진 장년들이 서로에게 변명과 탓만 일삼아서는 안 된다. 시대와 환경은 변했어도 사람 사는 것은 과거나 현재나 거의 비슷하다. 자식을 보면 부모를 알고 부모를 보면 자식을 안다고 하지 않던가, 먹고사는 것도 중요하지만 풍족한 삶으로 야기된 정신적 혼란으로 삶의 가치를 뒤흔드는 사건의 뉴스를 보기도 한다.

특히 코로나로 인해 거리 두기가 더 심해질수록 승객들의 반응도 평범하지 않다. 전보다 말의 높낮이도 거칠어졌고 웃음기가 사라진 얼굴엔 화산 폭발과 같은 징조를 보이는 사람도 있었다. 피해 의식에 젖어 살인과 방화 등 사건 사고는 더 자주 일어나는 상황에 노출되었다고 본다. 절제의 능력을 넓히고 생각을 바르게 하는 시기는 지금이라도 늦지 않았다고 생각한다.

사람들은 붉은 동백꽃처럼 점차 향기를 잃어가고 있다. 겉은 아름다울지라도 진심 어린 마음이 없다면 아름답지 못한 것이다. 사랑은 누구에게나 수고스러운 것이기에 사람의 사랑은 꽃보다 아름다워야 한다.

본부 캐릭터의 겹벌이

　촉촉한 빗방울이 아스팔트를 적신다. 택시 운전하면서부터 눈비가 오면 습관적으로 짜증이 나면서 운전하기가 정말 싫다. 적응력인지 감성이 메말라가는지 알 수는 없지만, 직업적 트라우마가 아닐까 싶다.

　다산 신도시로 가는 첫 승객을 카카오 호출을 받아 태웠다. 야간 장사를 끝내고 한잔했다고 한다. 코로나로 인해 먹고사는 것도 유지하기 힘들다는 승객과 승객이 없어 입금액도 힘들다는 대화는 노력해도 안 되는 게 인생이라는 신세타령으로 이어졌다. 무척 힘들어도 견디는 동료 업주들이 보면 안쓰럽고 자신을 탓하는 이도 많다고 한다. 대리 기사도 하고 배달도 하며 겹벌이로 하루를 이어 가는 영세한 업주가 대다수라고 한다. 슬픈 이야기에 빗소리는 더 굵어졌다.

　승객이 내리고 나서야 들러본 어둑어둑한 신도시는 쭉쭉 세워진 아파트에 가려져 들어온 길도 잃어버리고 더듬다 보니 다시 제자리에 와 있었다. 사람의 그림자는 보이질 않고 그 흔한 가로등 불빛마저 없다. 내비게이션을 사용하려고 멈췄는데 어두운 곳에서 모자를 푹 눌러 쓴 사람이 손짓하며 다가왔다. 외진 곳에서 대하는 것 증에 제일 무서운 것은 사람이라더니 엄청나게 놀랐다.

"서울 나가세요? 대리 기사입니다. 망우리까지 태워다 주세요."
"여기서 나가는 길을 헤매고 있습니다."
"내가 여기 길을 잘 압니다. 저쪽으로 가서서 대리 기사 있으면 더 태우시고요."
"난 잘 모르니까, 알려주세요."
운이 없는지 대리 기사가 한 사람도 없었다.
"망우리 우림시장 근처에 세워주세요."
"알았습니다. 손님 많았어요?"
"조금 벌었어요."
대리 기사도 요즘은 벌이가 별로라고 말한다. 그는 두세 시간 눈 붙이고 다른 직장으로 출근해야 한다고 했다.
"본업이 부업이 되고 대리 기사가 본업이 되었습니다. 갑갑합니다."

가족의 소중함을 위해 낮과 밤을 겹쳐 살아가는 가장을 직접 대하면서 울컥 눈물이 쏟아질 뻔했다. 도대체 무엇이 사람을 이토록 힘겹게 할까, 원칙도 부칙도 냉엄한 현실 앞에서는 말을 잃을 수밖에 없을 것 같다. 나 역시 오래전에 겪으면서 아예 영혼마저 감금시키고 매일 18시간씩 악착같이 오랜 시간을 택시 운전대에 매달리다가 허리와 다리마저 불편해졌다. 아내 역시 힘에 벅찬 조리원 노동을 이십 년이란 긴 시간에 매달려 눈물도 참고 아픈 수술도 이겨내며 살아왔다. 고통의 수고가 있었기에 지금의 내 가정은 힘든 굴곡을 벗어날 수 있었는지도 모른다. 어둠 속으로 사라지는 그의 뒷모습에 힘찬 응원의 박수를 보낸다.

 한국적인 사업장의 기틀이 한순간에 무너져 내린 IMF부터 강요 아닌 강요에 적응하지도 못한 채 20년이 넘었다. 자유 시장 경제란 이름으로 강제 이식한 후유증이 누적되었다고 보는 학자도 있다고 한다. 선진국이나 외국의 일부 사례와 우리는 다르다. 우리나라만의 고유함으로 살아가는 방식이 있다. 얼마 전 선진국 진입이란 삼만 달러 시대에 들어섰다는 뉴스를 들었다. 과도한 외국 여행과 외제 차량 구매 그리고 명품 사재기와 생판 처음 듣는 생소한 요리에 호들갑 떠는 대한민국 일부만의 삼만 달러 시대가 아닐까 싶다,

 서울 인구를 추월한 경기도는 계속되는 신도시 개발을 추진하며 인구가 증가하는 추세이다. 경제학자의 논문을 보면 교통의 편리가 부른 출발지에서 쉼이 없는 목적지까지의 도착으로 인하여 경제의 위축을 불러온다는 학설도 있다. 교통의 편리로 인하여 극과 극만이 존재하므로 공간이 비워지는 현상이 생긴다는 뜻이라고 한다. 교통이 불편한 예전에는 서울에서 지방 출장을 가면 기본적으로 1박 2일이었고 그곳에서 식사와 숙소비 등으로 지출하고 올라왔었다. 지금은 KTX라든지 SRT로 인하여 전국이 하루 걸음으로 좁아졌다. 가끔 지방 여행 중에 쭉쭉 뻗은 지방도를 달리면서 발전 속도가 너

무 빠른 것에 혀를 내두를 뿐이었다.

  출장 가는 승객은 고속 열차를 타려고 이른 새벽에 일어나서 밤늦게서야 서울에 도착한다고 했다. 평생직장은 옛말이 되었다. 직장에 다니면서도 항상 이직을 염두에 두고 다녀야 한다고 한다. 직장인은 물가 상승에도 못 미치는 빡빡한 월급에 신조어로 엔잡러가 되어야 살 수 있는 상황이라고 한다. 경제적인 자유를 누리기 위해 선택하는 하나의 방법이 투잡이라고 한다. 세 겹 벌이하는 사람을 승객으로 태우기도 했다. 이렇듯 평범하게 사는 것마저 힘든 세상이 되었다. 자신이나 가정의 미래를 위해 겹벌이에 매달릴 수밖에 없는 현실이라고 한다. 서로가 정보를 공유하며 괜찮은 두 겹 벌이 찾기에 열중이라고 한다. 나도 그들의 말에 고개가 끄덕여지곤 한다. 하지만 자기 능력을 보강하여 자신만의 집념이 담긴 일을 했으면 좋겠다는 생각을 넌지시 권하기도 한다. 시대가 겹벌이 시대다. 2021년 취임한 조 바이든 대통령 부인인 질 바이든 여사도 NOVA 현직 교수로 겹벌이에 종사하고 있다.

  IMF 이전에는 아침에 한 푼 없이 나가도 저녁엔 돈을 들고 왔을 정도로 경기가 좋았다. 어디로 가도 거의 웃는 얼굴이었고 큰 잘못이 아니면 너그럽게 다독이던 애정이 넘치는 대한민국 사람들이었다. 취업도 주택도 지금처럼 큰 걱정거리는 아니었다. 다만 자기가 꿈꾸던 직장을 찾기 위해 더 노력했던 시절이었다. 그 당시엔 일반 회사나 대기업에서도 삼 개월 수습사원은 있었으나, 그 기간이 지나면 자동으로 정직원이 되었다. 계약직이나 인턴이란 용어 자체도 없었다. 솔직히 말하면 인턴이란 용어는 의과대학 병원에서 전문의 과정으로 가는 예비 의사의 신분을 인턴 또는 레지던트라 부르는 용어로만 쓰였던 기억이 있다.

 늦었다는 대답이 많을 것이다. 하지만 지금도 늦지 않았다. 오롯이 한국적인 사업장 구조로 돌아가야 한다고 생각한다. 물론 자국 내 인구가 최하 1억을 넘어야 자가 경제가 확립된다고 한다. 과거는 떠났고 한국인은 무섭다. 들꽃이 있기에 대지도 아름답게 보이는 거라고 한다. 시간을 쪼개어 최선의 노력을 하는 이들을 보라. 새벽 첫차를 타고 일터로 가는 이들을 본 적이 있는가, 없다면 새벽 네 시 첫 버스를 경험해 보라. 아침 햇살보다 밝게 웃는 모습을 볼 수 있다.

 현실을 모르는 게 아니라, 모른 척하는 가까운 이는 떨떠름한 표정으로 그러면 좋지만, 누가 나서서 총대 메겠냐고 한다. 맞는 말이다. 내가 아닌 내 나라, 내 국민이 최우선이라는 과거로 되돌아가기는 쉽지 않다. 경쟁 사회에서 한 발짝 물러서서 본 내 생각에서는 그때보다는 좀 더 나은 국가 지도자나 기업체 운영자나 근로자도 모두 성숙한 한국인이 되었으면 좋겠다는 바람을 가져본다.

집은 내가 사는 곳이다

 작은아들이 작년에 아파트 입주를 하며 생애 첫 주택 마련에 성공했다. 성공이란 용어를 쓰기가 조금 남사스럽다. 코로나가 극성이어서 진작 들여다보고 싶어도 못 갔다. 다음 주말에 우리 내외만 집들이하기로 약속했다. 부모 도움 없이 집 마련을 한 걸 보면 마음이 뿌듯하다. 남들처럼 건네줄 것도 없는 부모여서 대출 부담도 걱정스럽다. 자기 일에 충실하지만, 세상살이가 본인이 노력한 만큼 주어지는 세상이 아니다 보니 여러 가지로 걱정스럽기는 하다. 여태껏 자기 삶을 잘 운영하며 살아왔으니 앞으로도 잘할 것이라고 응원한다.

 큰아들은 나주가 직장이지만 곧 춘천으로 온다고 한 게 엊그제 같은데 벌써 춘천 아파트에 입주했다고 연락이 왔었다. 괜한 걱정을 했던 큰아들 집들이도 지난 주말에 다녀왔다. 장성한 자식들 집 마련이 부모의 꿈이 된 현실이다. 오랜 세월 주택 정책을 추진했던 전, 현직 정부 모두 주택 정책을 똑 부러지게 실천한 것은 하나도 없다는 게 내 생각이다. 사람에게는 의식주가 중요하다. 나라를 다스린다면 당연하게 걱정하고 해결해야 할 과제이다. 특히 시장 논리에 따라야 하는 게 우리나라 특유의 부동산이라고 내가 아는 공인중개사들은 말한다. 난 자식에게 집은 사는 게 아니라 집에서 산다는 거로 가르쳐 왔다.

난 빌라에 살지만, 아파트가 싫다. 여유가 생기면 단독주택에서 살고 싶다. 이것저것 모아두는 습성이 있는 나에겐 규격화된 아파트가 진짜 싫다. 단독 주택이면 오래전부터 손때 묻은 것들을 창고에 쌓아두고 가끔 꺼내 보며 추억 여행을 갈 수 있어서 좋기 때문이다. 우리 집에서 나이가 제일 많은 건 아버지의 육십 년 넘은 일기장이다. 우리 부부가 자식 키우던 70~80년대는 비염이라든지 아토피 알레르기 피부염이란 병명은 희귀했던 병에 속했다. 둘러싼 시멘트 벽체와 실내 장식 부속품들이 내뿜는 환경에 나쁜 물질이 만들어 낸 병이라고 할 수도 있다. 어린 손자 둘 다 비염 때문에 연신 병원을 들락거리고 코훌쩍이는 모습이 볼 때마다 안쓰럽다. 이래서 아파트가 더 싫다.

단단하게 차단된 콘크리트 구조물은 인간만이 소유한 정을 끊어놓기도 했다. 이웃이 누구인지도 모를 지경이다. 활짝 웃음과 애틋한 정이 사라진 아파트가 싫다. 돈으로만 평가되는 벌집 같은 아파트가 싫다. 강남과 강북이 어쩌고 강동과 강서를 비교하고 설왕설래 중구난방 입방아 찧으며 탈도 많고, 말도 많다. 작은 의견은 무시당하고 특정인의 이익은 대신하는 집단 체제의 구속적인 면도 싫다.

그래서 아파트가 싫다.

언젠가 홍대 입구에서 서초동 가는 청년 두 사람을 태웠다. 한 청년의 전화 통화는 타기 전부터 이어지고 있었다. 두 사람의 대화를 들으면서 난 아연실색했다.
"걔들 어디 있다고 하냐?"
"짜증 나, 촌년들이 아는 척해서 쪽팔려"
"야, 내버려 둬 걔들은 왜 쫓아다니는지 미쳤나 봐, 그것들이"
"걔들 어디 사는데?"
"촌년들이지. 송파구에 사는 년들이 서초, 강남 애들하고 놀려고 하잖아."

너무 기가 막혔다. 핸드폰으로 녹음이라도 할 걸 그랬다며 잠깐 후회하기도 했다. 상스러운 말투는 그렇다 치고 일반적으로 강남 3구면 서초 강남 송파 아니던가, 송파구에 사는데도 촌사람이면 서울에서도 다른 지역에 사는 이들은 무엇이라고 불러야 하는지 개탄스럽다. 횡하니 달려 두 사람이 목적지에서 내리자마자, 차창 네 곳을 활짝 열었다. 저들의 대화를 들으며 대한민국의 뒤틀린 미래를 잠시 겪었다. 저런 막돼먹은 이는 물론 일부이기는 하다.

낙수 효과란 말은 들어보았을 것이다. 위정자들이 선거 때마다 하는 말이 재벌이 잘 돼야 취업이 잘 된다는 허상 섞인 말의 뜻이 낙수 효과이다. 〈기생충〉이라는 영화를 보면 낙수 효과란 없다는 것을 알아야 한다. 그런데도 깨닫지 못하는 인간들이 즐비하다. 죄란 죄는 다 짊어진 재벌가를 사면 복권해야 대한민국의 경제가 살아난다며 삼성이란 기업이 없으면 대한민국은 죽은 거와 같다는 승객의 말에 크게 웃었었다. 그들이 할 일은 벌은 만큼 대한민국의 법대로 세금만 잘 내면 된다. 돈이 아니라, 품성으로 사람을 보라고 똑같은 말을 되풀이하고 있다. 애초의 인간은 천사였고 단지 그 안에 숨은 악마를 못 믿을 뿐이라는 말이 맞는 것 같다.

중고교생들뿐 아니라 초등학생도 친구 사귀기 전에 미리 묻는다고 한다.
"나는 래미안 살아, 너 어디 살아?"
이런 물음이 친구 사귀는 데 필수 항목이라고 한다. 내가 직접 듣지 못한 말은 덧붙여 보면 어느 아파트 몇 평에 의해 친구가 될 수 있다는 조건이다. 시대의 흐름이라고는 하기엔 대한민국만의 잘못된 주택 정책과 수도권 밀집 현상에 따른 갈라치기를 부추기고 있다.

"회사 정리하고 고향으로 내려가기로 부모님과 의논이 끝났어요. 주택 마련을 위해 칠 년 동안 월급의 70% 저금하며 살았는데 아파트 가격이 너무 올라 희망도 없고 수십 년 회사 근무한다고 해도 희망이 없네요. 그래서 귀향하려고요."
30대 남자 승객과 나눈 이야기다. 주택 문제로 인한 인간의 정신세계가 정말 심각한 수준이다. 30대의 90.2%가 다른 세대에 비해 아파트 브랜드가 가치 즉 가격 형성에 영향을 준다고 응답했고 연령

별로는 40대와 50대는 모두 78.5%가 중요해졌다는 의견이 상대적으로 높았다. 이 조사 결과에서도 집을 사 평범하게 사는 게 아니라 투기 또는 투자 가치로 본다는 뜻이기도 하다. 이 문제 해결을 위해 아마 긴 세월을 국민은 시간도 투자해야 할 것 같다.

  이런 상황이다 보니 친구와 비교하면 결혼해서 손자도 낳고 아파트까지 마련한 자식을 둔 나는 행운아인지도 모른다. 작은아들 결혼 후 친구들에게 오 년이 넘도록 결혼 청첩장 한 장 못 받았다. 친구 모임에서도 자식들 결혼이 주제지만 시간이 흐를수록 포기하는 친구들이 늘어간다. 자식들이 결혼하는 데 큰 걸림돌은 주택 문제라고 생각하는 부모 세대와 결혼 자체를 꺼리는 자녀 세대와 생각의 격차가 크다. 분명 알아야 할 것은 젊은이들에게 주택이 필요한 게 아니다. 그들이 자신의 꿈을 드러내고 성취할 수 있는 환경이 필요할 뿐이다. 바뀌는 정부마다 쓸데없는 주택 정책이 전부가 아니다. 직장과 복지가 개선해야만 인구 감소뿐 아니라 국가 대항력도 감소하는 걸 막을 수 있다고 한다. 전문지에서는 전 세계 국가 중에서 가장 먼저 사라질 국가는 현실적이나 미래적으로 대한민국이 1순위가 된다는 뉴스를 봤다.

  맑은 날 와룡 공원에 택시를 세우고 서울을 내려다보면 구름을 휘감고 솟은 남산 타워와 북한산 그리고 삐죽 솟아오른 잠실 롯데 타워도 보인다. 곳곳에 아파트가 들쑥날쑥 서 있고 군데군데 고층 타워 크레인이 움직인다. 사방으로 퍼질 곳도 막혔나 했더니 이젠 하늘 향해 솟는 일만 남은 것 같다. 도토리 키 재기 놀이하듯 아파트 단지가 형형색색 여기저기 경쟁하고 있다.

　서울은 지금도 변신하며 하늘 높은 줄 모르고 높이 올라가고 있다. 그런데 왜 난 걱정스럽게 쳐다보고 있을까, 정답은 보이질 않고 대답할 사람도 없다.

콩쥐 팥쥐

　상황은 보는 시각에 따라 사람에 따라 네모이거나 세모 또는 동그랗게 보이기도 한다. 사람의 생각이 획일적이거나 편견이 섞이면 일방통행이 된다. 행정이나 법규가 시대에 따르지 못하고 위정자들에게 끌려다니고 있다. 위정자들은 무지한 자들과 같은 수준의 횡포로 저들만의 리그를 아랑곳없이 이어가고 있다. 좌, 우파 젊은이들이 정치를 하겠다고 나선 걸 보면서 혹시나 해 한껏 기대했던 선거였다. 끝나기도 전에 되레 70년대로 되돌아간 기분이 들면서 역시 윗물이 맑아야 아랫물도 맑다는 것만 밝혀졌다. 보나 마나 그 밥에 그 반찬이 되었다. 해결책은 염두에 둔 적이 없는 대꾸만 연실하고 있다. 같잖은 인간들 몇몇이 수천만 국민을 우롱한다. 언제까지일지도 모르는 밥그릇 싸움질이 지겹다. 정권의 끝이 어떻다는 걸 잘 알고 있을 텐데 말이다. 위정자들의 콩쥐 팥쥐 싸움질에 너더리가 난다.

　당장 현실에 와닿는 코로나 이후의 택시 대란의 해결도 불 보듯한데 저들끼리의 잔머리 싸움질 통에 몸서리까지 쳐진다. 택시 기사도 그만두어야 할 때가 되었나 싶다. 이제는 어깨마저 무겁고 다리에 맥이 풀려 걷기조차 힘겨운 시대로 변했다.

  2020년 1월 사납금 제도가 폐지되고 전액 입금제에 따른 월급제 시행이 되었지만, 무늬만 그럴 뿐이다. 기사도 다 똑같지는 않다. 잔꾀를 부리는 사람도 있고 무지한 사람도 있어 회사와 택시 기사 사이의 신뢰감이 깨어지기는 했다. 팬데믹 내내 회사에서는 사납금 인하 조치조차 없었고 사납금마저 힘든 나이 먹은 이들은 할 수 없이 택시에서 손을 뗄 수밖에 없는 상황이 되었다. 법인 택시 기사를 옭매는 노조와 회사 사이 증거를 댈 수 없는 결탁은 기사들의 고충을 더 키웠다. 법인 택시는 하루 12시간씩 근무가 아니라, 최저 임금제를 슬쩍 피해서 7시간 근무로 임금은 동결시키고 입금을 채워야 하며 26일 근무가 만근이다. 법 조항을 교묘하게 돌려치기 한 그들은 택시 한 대에 두 사람이 교대로 타게 한다. 제대로 돌아가면 회사는 하루 약 30만 원의 사납금을 얻는다. 물론 회사의 품위 유지비도 상당하다. '중 절 보기 싫으면 떠나야지'하는 속담도 있다. 이 문제가 바로 택시 기사들의 이직이 심한 이유다. 누군가는 법인 택시 리스제란 걸 이야기하는 모양이다. 결국 그것은 예전부터 있었던 월차 개념이다. 한 달 내내 혼자 운행하면서 회사와 계약한 금액만 입금하면 되는 것이다. 나 역시 2000년 초반 약 5년간 월차를 한 경험이 있다. 사람 잡는 행위인 줄 모르고 그 안을 낸 사람이 택시 일주일만 해 보면 어떤 경험인지 알게 되고 두 번 다시는 말이 없을 것이다. 서울 법인 택시는 통틀어 약 1만 5천 대 못 미치는 걸로 안다. 이렇듯이 법인 택시 기사는 이쪽이나 저쪽에서도 찬밥 신세가 된 동화 속에서 미운털 박힌 콩쥐인 게 맞다. 철저한 법에 따른 지킴이 없이는 쓸데없는 왈가왈부다.

　반면 개인택시는 약 4만 5천 대에 가까운 것으로 안다. 개인택시는 48시간 근무에 24시간 휴무다. 택시 대란의 주인공은 개인택시 관리 부재가 부른 행정이다. 개인택시 비중이 많은 점이 원인이 맞다. 개인택시 반 이상이 노령층이다. 그들에게 국가에서 자격을 주었으면 반납 법규도 있어야 하는데 저들끼리 사고팔며 프리미엄을 만들었다. 개인택시는 정권이 바뀔 때마다 팥쥐가 된다. 새엄마가 데리고 들어온 팥쥐가 따로 있겠는가, 개인택시 조합은 생각 외로 정치권에 힘을 제법 쓰는 모양이다. 처음부터 잘못된 법을 여태껏 유지하고 있으니 말이다. 지금이라도 한 달 20일 근무에 따른 근무한 Km 거리를 검증하므로 영업용 차량으로서의 업무를 다 할 수 있도록 개선해야 할 것이다. 행정 관청은 단체 민원이라는 어쭙잖은 이름으로 쉬쉬하고 있다. 법인 택시 기사가 하루 평균 두 사람이 교대로 24시간 근무 시 약 500km를 주행한다면 개인택시는 하루 200km로 4,000km를 법적으로 영업 활동을 하게끔 법 제도화한다면 야간 택시 대란뿐 아니라, 주간에도 택시 승차하기가 훨씬 수월할 것이다. 대다수 개인택시는 개인 사업주라고 하기 전에 공공 성격의 대중교통이라는데 인식을 해야 할 것이다. 일선 은퇴자들이 용돈벌이쯤으로 어떠냐면서 나에게 직접 묻는 이들도 있었다. 공사 구분이 안 되는 사람이 택시를 운행한다면 안 봐도 밥상이다. 내 주변에도 개인택시를 운영하는 사람이 제법 있다. 70세가 넘어 영업용이 아닌 여가용이 쓰고 있는 사람도 다수 있다. 택시법 제도의 미미한 점도 확실하게 뜯어고쳐야 한다. 가장 시급한 게 대중교통으로의 전환이 필요하다. 그다음엔 개인택시 3부제도 완전히 풀어야 한다. 대중교통이 잘 풀리면 자가용이 덜 나오게 된다. 어차피 서울 시내는 거의 20시간 이상은 밀린다. 민주화된 소통으로 법부터 확실하게 만들어 실행하는 법체계가 이루어져야 사람들은 그 법에 따른다. 뻔한 일을 왜 이리 빙글빙글 돌리는지 알 수가 없지만, 애꿎은 시민은 콩쥐가 되고 택시 기사들은 팥쥐가 되니 도대체 콩쥐 팥쥐 부모는 무엇을 하는지 알 수가 없는 지경이다.

플랫폼을 운영하는 회사 역시 돈벌이에만 급급하다. 민주주의 나라에서 경쟁하며 돈 버는 게 죄는 아니다. 연루된 승객과 기사 그리고 업주들은 안중에도 없다는 게 문제이다. 그 경쟁 사이에서 가장 약자인 승객과 애꿎은 법인 택시 기사에게 피해가 집중되는 게 문제다.

당장 택시 요금도 현실화하여야 한다. 그에 따라 전액 입금제 의한 법인 택시 기사 월급제가 정착되어야 한다. 개인택시의 3부제를 풀고 개인택시 월별 실 운행 Km을 제정하여 실행해야 한다. 일부 모범운전자들의 도로 건설 교통정리에 대가를 받고 근무하는 것으로 안다. 그들은 태운 적이 있는데 뭣 하러 가스값 쓰면서 운전하냐고 되묻는다. 물론 혜택을 줄 수도 있다. 그로 인해 노동자의 일터가 줄고 있음도 알아야 한다. 플랫폼의 갑질을 철저하게 제어해야만 한다. 택시를 대중교통으로 지정하면 차내 폭행이나 요금 미납으로 인한 피해도 줄일 수 있다고 본다. 법인 택시 기사는 수익성이 있으면 어느 정도의 택시 경력자들도 다시 돌아올 수 있고 신규 취업하려는 기사도 늘어나는 건 당연하다. 현재 그 빈자리를 노년의 택시 기사가 그나마 채우고 있는데 이것 역시 빈번한 교통사고의 원인이 될 수도 있다. 어느 노년의 택시 기사 말마따나 세상은 변하고 변할 것이기에 그 흐름에 따르는 것도 한 가지 방법일 수도 있다. 빨리 빨리 하기에 익숙한 우리 민족인데 이해득실엔 구렁이 담 넘어가듯 하는 현실을 보면 돈이 최고인 세상이 맞긴 맞는 거 같다.

무엇이든지 새로 시작하기에는
늦었다는 때는 절대 없다는 말도 있듯이,
오늘 걷지 않으면 내일은 뛰어야 한다는 말도 있다.

사는 건 시험 기간이다.

별과 달의 이야기는
태양처럼 밝은 이야기로 내 두 손 위로 내려앉았다.

걸어온 길보다 걸을 길이 짧게 남았으니,
부정하기보다는 부족해도
사랑으로 수고하며 남은 삶 살아가련다.

3장

다시,
일어나 걷는다.

만만한 당신뿐

라디오에서 흘러나오는 노래나 사람 사는 이야기를 듣다 보면 머릿속으로 흩어진 기억들이 꾸물꾸물 모여든다. 어린 시절엔 〈밤을 잊은 그대에게〉나, 〈별이 빛나는 밤에〉 같은 야간 라디오 방송 프로를 자주 들었다. 모든 게 모자라고 아쉬웠던 그때는 음악이 그나마 큰 위로였었다. 세월이 흐른 지금도 라디오를 틀면 시끄러운 뉴스보다는 여전히 잔잔한 음악이나 사람 살아가는 이야기가 나오면 마음이 넉넉해지기도 하고 너그러워질 때가 있어 택시 운행 중에 정신적으로 많은 도움이 된다.

두 아들을 결혼시키면 몸과 마음이 홀가분해질 줄 알았는데 꼭 그렇지만은 않은 것 같다. 평생 채권자란 말이 정답인 것 같다. 무소식이 희소식이라고 다들 괜찮겠지, 싶다가도 너무 연락이 없으면 걱정이 앞서서 결국 핸드폰을 든 적이 있다. 제법 오래 머물게 된 작은 집은 이젠 부부만 사는 공간이 되었다. 뭔가를 바꿀 시점이 서서히 다가오는 것 같다. 서울을 벗어나고픈 생각이 자주 나는 요즘이다.

용감하게 귀농이나 귀촌한 친구가 부럽다. 살아온 과거의 흔적은 이젠 웃을 수 있어서 남은 삶에 치료제 역할을 할 것 같다. 아내와 나 서로를 배려하고 사랑하는 수고만 남은 것 같다.

다행히 난 살아가며 나 자신을 찾아가는 방법을 알았다. 삶의 희비를 승객과 주고받으며 시간에 쫓기고 밀리면서 하얗게 타버린 에너지를 서로에게 빵빵하게 충족시켜주는 나름의 소통 방법도 터득했다. 내가 말하기보다는 승객에게 듣는 습관을 점차 늘려나갔다.
"아저씨 힘이 실린 목소리 덕분에 기가 충만해서 고맙습니다."

짧은 인사 한마디가 서로에게 즐겁게 살아가는 비타민이 된다. 과거 그대로 형성된 채 살아가는 사람도 많다. 승객과 서로 건넨 자기 삶에서 얻은 경험과 지식이 담긴 소중한 이야기를 통해 희망이라는 욕심을 갖게 될 수도 있다. 승객이 건넨 시집 한 권으로 인하여 나도 삶을 전환할 기회가 찾아왔다. 《다시, 진달래꽃》이라는 제목이 적혀 있고 진달래꽃 그림이 책 앞면에 가득하게 핀 얇은 시집이었다. 시인은 조경업에 근무하는 근로자였다. 그는 자기 천직인 조경 작업을 하면서 특히 진달래꽃의 매력에 빠져 오롯이 진달래꽃 시를 쓰면서 자신을 지우고 채워나가고 있다는 걸 책을 읽으며 느낄 수 있었다. 시집을 읽고 나를 되돌아볼 기회가 되었다.

자신도 제어 못 하면서 살아왔던 날보다 미래적으로 내가 날 조절할 수 있다는 생각에 글쓰기를 해야겠다는 결심을 했다. 글쓰기의 대상은 진달래 시인처럼 주어진 천직인 택시 기사로서 승객과 주고받은 이야기를 써보자는 생각이었다. 그러려면 불특정 다수인 승객의 생각과 공감도 중요하고 거기에 따르는 안목을 높여야 했다. 뜯어고쳐야 할 점이 많은 내 단점을 파헤쳐 보았다. 친구의 조언은 먼저 입을 여는 것보다 듣는 귀를 열어야 한다고 했다. 글을 쓰려면 메모의 습관은 필수적이라고 했다. 나의 장점인 성실함과 꾸준히 이어온 독서 생활도 도움이 될 것이라고 했다. 좋은 점은 더 좋게, 나쁜 점은 개선하여 활용하는 방법을 택하라고 했다. 내가 날 믿고 이해하는 게 우선이라는 말도 덧붙여 말했다. 표현에 어색한 것도 꼭 고쳐야 할 문제라고 지적했다. 어릴 때부터 지켜본 친구의 눈은 내 안팎을 꿰뚫고 있었다.

 나에게 가장 만만한 사람은 40년 넘게 함께 살면서 내가 잘못하는 걸 눈 뜨고 못 보는 아내였다. 아프고 힘들고 즐겁고 기쁘다는 것을 말과 행동으로 표현하는 습관이 내 몸이 습득하도록 연습 상대로 아내로 선택하면서 나도 점차 변해갔다.

 글 쓰고 배우는 과정에서 남들과 다를 수 있는 무엇이 되기를 바라는 것보다 그저 나를 찾는 기회가 되었으면 싶다는 생각으로 시작했다. 법인 택시 기사여서 시간의 여유가 별로 없었지만, 시간을 쪼개서 쓰며 최선을 다했다. 집중했던 글쓰기 공부로 잠이 부족하여 눈 한번 깜빡하는 사이 작은 교통사고가 발생하여 아내가 매우 놀란 적도 있었다. 이후로 아내는 취미로 쓰라는 것이지, 돈 버는 것도 아닌데 글 쓰는 게 목숨 걸 일이라며 은근히 압박 수위를 높이기 시작했다.

선배 문인은 처음 글을 쓸 때의 자기 경험을 들려주었다. 바깥에서 인정받는 것보다 가족들한테 인정받는 것이 가장 힘들다며 가족부터 이겨내려면 자기 맡은 일에 최선을 다하고 글쓰기에 그만큼의 노력이 덧붙여져야 가족들이 인정하게 되고 자신도 성장할 수 있다고 했다. 맞는 말이다. 무엇이든지 새로 시작하기에는 너무 늦었다는 때란 절대 없다는 말이 생각났다. 글을 쓰다 보면 자신은 진전이 없다고 생각하지만, 주변 사람들의 시선은 벌써 바뀌었다면서 어깨를 다독여준다. 특히 자식들보다 아내한테 잘하라고 조언했다. 자기가 자기를 보니까, 세상에서 만만한 건 그래도 아내뿐이라면서 선배의 말은 끝을 맺었다.

주변 친구나 선후배 부부 대다수는 나이 들어갈수록 공조하는 관계이어야 하는데, 되레 경쟁 상대가 되는 모습을 자주 봤다. 60대 부부들의 어린 시절엔 여러모로 조건이 어려웠다. 과거의 모자람으로 인하여 현실에서도 가족들끼리 부딪히는 게 보인다. 내 주변 보통 가족들은 서로에게 일방적인 물음과 대답만 주고받는다. 승객 중에서도 특히 우리 또래 이상에서 많이 볼 수 있는 현상이다. 여성 승객은 기사 아저씨처럼 속 시원하게 대답이라도 잘했으면 좋겠다고 한다. 부부 사이 벽은 겹겹이라는 말이 있다. 원인을 찾아내 제거하기가 쉽진 않지만 부부 사이는 서로에게 가장 만만한 당신이니까 말이다.

 난 평생 운전만 했기에 아내와의 갈등은 교통사고 처리하듯이 한다. 즉 누가 더 가해자인가, 원칙적으로 내 잘못이 더 크다면 빨리 잘못을 시인한다. 시간이 얼마쯤 흐른 뒤에 좋은 자리를 마련한 다음 당신도 이 정도는 심했다고 전하며 서로의 마음을 푼다. 내 잘못의 비중이 작아도 일단 먼저 내 잘못만큼을 시인하는 방법을 택한다. 좋은 말로 포장하면 지는 게 이기는 거라는 말이 있다. 부딪치는 것보다 피하면서 내 주장을 알리는 것도 지혜일 것이다.

 부부라는 공동체는 세상에서 웬만한 걸림돌쯤이야, 별거 아닐 뿐이다.

아름다운 건 무죄

 이월 낮 기온은 거의 봄 날씨 같은데 어제도 그러더니 오늘도 초미세먼지는 극성을 부릴 모양이다. 운행 중인 택시 안의 공기가 텁텁한지 타는 승객마다 차창을 열었다가 닫았다 한다. 조금 내린 차창을 통해 초미세먼지는 마스크도 파고들어 왔다. 오전 열 시 출근길이 끝나갈 무렵 한가한 공원 근처에서 화장실도 가고 운동도 하려고 잠시 택시를 세웠다. 제법 찬 북쪽 바람은 불어오지만, 한낮 햇살은 눈부시게 퍼졌다.

 팬데믹 시대의 출근 전쟁은 한가하다. 재택근무가 많아지면서 출근길 시간에 변화도 왔다. 열 시가 넘어서면 더 한가해진다. 출근길 막바지에 골목길에서 막 빠져나온 검은 마스크를 쓴 여성이 손을 든다.
 "시내로 해서 강남 신사역으로 가 주세요."
 그녀는 내 눈치를 보더니 검은 마스크를 살짝 들치고 거울을 본다. 찬 바람이 불기 시작하면 성형 수술 대란이 시작된다. 겨울이 물러갈 때쯤은 치료받으러 다니는 여성 승객이 자주 탄다.

"낮에는 온도가 제법 올라가서 덜 춥지요. 곧 봄이 오려나 봅니다."

택시 안의 무안한 공기를 순환시키려 화제를 슬쩍 바꿨다.

"그러네요. 며칠 더 다녀야 하는데"

영혼 없이 대답하는 그녀의 말꼬리는 길어지며 쑥스러운 분위기가 되었다.

"겨울로 들어서면 성형 수술 많이 해요. 수능 끝나고 방학 때나 졸업 전에 많이 합니다. 저도 취업 준비 때문에 했어요."

"네, 제 조카 둘도 쌍수나 코 높이 수술했다고 하더라고요. 진학 전이나 취업 전에 많이 하더라고요. 팬데믹 이전에는 호텔을 단체로 빌려 성형하러 온 중국 사람들도 진짜 많이 태웠어요."

괜스레 꺼낸 부족한 지식의 성형 얘기는 대화가 적당한 수준이 되었을 때 끊어야겠다는 생각으로 웃으면서 마무리했다. 그래 맞다. 어쩔 수 없다면 이왕이면 아름다운 결과를 봤으면 좋겠다.

오래전 양어머니가 하셨던 말이 생각났다.

"여자로서 자신을 예쁘게 꾸미는 것은 당연하다. 여성이 자신을 가꾸는 것은 타고난 천성이다. 여자이기 때문에 당연한 권리라고 해도 괜찮지 않을까?"

이렇게 되묻던 양어머니 말이 정답인지도 모른다. 양어머니의 민낯을 본 적이 별로 없고 당신 친구들보다 화장을 즐겨 하셨던 기억이 있다. 여성이든지 남성이든지 자기 꾸미기에 열중한다. 자신을 가꾸는데 시간과 비용을 많이 투자도 하지만, 사회가 요구하고 있다는 것도 현실이다. 여성이나 남성도 취업이라든지 이성 교제에서도 첫인상으로 결정하는 게 현실이고 현실 속에서 사회적 활동을 위해 성형 수술할 수밖에 없다며 청년들도 성형하는 수가 늘어가고 있다고 한다. 하물며 5060세대에도 성형 바람이 불어 눈두덩이 지방 제거 수술은 당연하게 여긴다고 한다. 하긴 나도 꼭 하고 싶은 부분이긴 하다.

　사회로 첫발을 내디디기 위한 면접시험 때, 첫 대면의 첫 이미지는 겉모습으로 판단할 수밖에 없다. 양복이나 양장 그리고 머리 손질과 메이크업도 물론 필요하다. 이성 교제의 첫 만남에 첫눈에 반했다는 것은 무엇에 끌렸냐고 묻는다면 아무래도 첫눈에 보이는 조건 때문이라는 것에 이의 제기는 없을 것이다. 첫 만남에서 기억으로 남는 이미지가 그만큼 중요하다는 뜻일 것이다.

　이런 경우의 승객도 모신 적 있다. 승차한 여성은 한 손엔 가방 한 손으로는 통화를 연신 이어가며 뒷좌석에 앉았다.
"기사 아저씨, 압구정으로 가 주세요."
　내비게이션에 능숙해진 나에겐 자세한 약도도 없이 운전하는 게 가끔은 짜증이 난다. 전화 내용이 간단치 않은 거 같아 일단 차를 출발시켰다.
"야, 그러니까 굳이 거기까지 뭣 하려 하냐고 지금은 괜찮지만 늙어서 내려앉으면 어쩌려고 하냐? 장난 아니다. 억지로 하지 마라, 그러다 너 진짜 큰일 난다니까."

대화는 계속 이어지며 목소리의 톤도 높이 올라간다. 심각한 성형 수술 문제로 여성 승객은 친구에게 경고의 메시지를 보내는 것 같다. 아마 내가 아는 정도의 쌍꺼풀 수술 수준을 넘는 심각한 이야기가 오고 가는 대화였다. 목적지 도착한 승객은 결제하고 내리면서도 전화 통화는 계속 이어졌다.

지구촌 대다수 생물체에서는 수컷이 훨씬 아름답게 치장한 모습을 볼 수 있다. 남자도 관리하는 시대이다. 나 역시 거울을 보면 몇 군데 고치고 싶은 곳이 있다. 내 머리카락이 뻣뻣하다는 미장원 원장의 추천으로 파마도 하고 스타일도 편한 매무새로 꾸미고 다닌다. 요즘 추세는 화장과 운동의 조화를 맞춰서 자신을 완벽하게 꾸미는 데 많은 시간과 많은 돈을 투자한다고 한다. 관상학적으로도 성형이 인생을 바꿀 수 있다는 설이 있다고도 한다. 이왕이면 살아가면서 예쁘고 멋있으면 보기에 좋다. 그렇지만 다 좋은 건만은 아닌 것 같다. 얼마 전 뉴스에서 들었지만, 성형 수술의 역효과로 고생하던 한 여인이 결국 57세의 젊은 나이로 세상을 떠났다는 뉴스를 봤다. 지나친 것은 역효과가 나올 수 있다는 것도 염두에 둬야 할 것이라고 의사들도 경고한다. 태초부터 아름다움을 추구하는 건 지구상에 존재하는 모든 생물체에 해당하는 것은 맞는 것 같다. 역사의 뒤안길을 보면 클레오파트라와 서태후 그리고 양귀비 등 열거하기에도 많은 여성이 시대를 아름다움으로 질타하고는 사라졌다.

남자는 근육으로 권력을 얻지만, 여자는 아름다움으로 지탱한다고 하질 않던가, 세상을 흔드는 건 남자이고 그 남자를 쥐고 있는 건 여성이라는 말도 들었다. 세상을 쥐락펴락하던 남성을 보면 그 뒤엔 늘 여성이 있다.

   현실에서도 최상의 관심거리는 보이지 않는 마음보다는 겉모습이 아름다워야 한다는 것이 분명해진 것 같다. 겉모습도 예쁘게 꾸며지고 마음속 깊이까지 아름다워진다면 더 멋지고 행복하게 살아갈 것이다. 여성의 아름다움은 죄가 없다.

바른
징크스

한결 부드러워진 봄바람이 스친다. 뿌연 안개가 드리워져 계절의 변화를 알린다. 패딩은 겨울에 못다 한 책임이 아쉬운지 어깨를 짓누른다. 온도계마저 새벽과 한낮을 오락가락 밀고 당기기를 즐긴다.

잔뜩 찌푸린 새벽녘 희미한 그림자가 가로등 불빛을 빌어 손을 든다. 타지는 않고 차창을 똑똑 두드리기에 창문을 내렸다.
"기사 아저씨, 저 여자인데 택시 탈 수 있나요?"
"네. 얼른 타세요."
여성 승객은 재차 물었다.
"저 안경 썼는데도 탈 수 있나요?"
"얼른 타시기나 하세요."
뒷좌석으로 여성 승객이 타길 기다리며 별 손님이 다 있다며 속으로 중얼거렸다.
"어디로 가실 건가요?"
"아저씨 보라매역 지나 농심 근처입니다. 그리고 태워 주셔서 고맙습니다."

"승객으로 당연히 탈 수 있는 거죠."

"가끔 안 태워주시는 기사 분들이 계세요. 탔다가 내린 적도 있어요."

"새벽에 출근하려고 타는 승객한테요. 그건 승차 거부입니다."

여성 승객의 핸드폰이 울리고 탔다는 한마디로 전화 통화는 끝났다.

"엄마예요. 택시 탔느냐고요. 외삼촌이 개인택시를 오래 하셨는데 택시 운영하면서 있었던 이런저런 일을 엄마한테 말씀하셨대요. 첫 손님이 어떻고 어디 가는 손님은 어떻고 인원이 많이 타면 어떻고를 하도 많이 들어서 이력이 났어요. 저 걱정하지 마시고 안전하게 가 주세요."

직업으로 운전하는 나보다 여성 승객은 택시 기사의 속성에 관하여 잘 알고 있는 것 같다.

징크스란 덫으로 자신을 가두기도 하고 풀려나기도 하면서 사는 게 사람이다. 예를 들어 '괜찮아', '그래, 잘했다.'라는 말이나 '넌 뭘 해도 되는 게 없다.'라는 식의 틀에 묶는 것도 징크스일 수도 있다고 한다. 나부터도 나는 절대 아니고 나로 인한 게 아니라는 얄팍한 덧칠로 가리려고 한 적도 있었다. 사람은 자신의 치부를 무언가로 덮어야 한다는 생각에 매여 있는 것 같다. 징크스를 억지로 만든 경우도 봤지만, 그렇게까지 하면서 징크스에 매이지 않아도 괜찮을 것 같은데도 불구하고 자신을 가둔다.

징크스는 환경과 조건이 아니다. 바로 자신을 만든 자신의 징크스라고 말하고 싶다. 내게도 내가 만든 징크스가 있다. 어느 승객이 물었던 기억이 있다. 택시 영업도 징크스가 존재 하나요 묻기에 난 그렇다고 답했다. 운이란 잣대를 대곤 했던 기억을 부정하진 않겠다. 첫 승객의 목적지가 일과의 시작이었기에 나도 모르게 관심이 두게 되고 하루 기분을 좌우하기도 했으니까 말이다.

하루에 똑같은 아파트 단지로 다른 시간에 다른 승객을 모시고 다섯 번이나 간 적도 있다. 첫 승객이 동쪽으로 가면 그날은 거의 그 방향에서 돌고 돌며 일을 한 경우도 적지 않았다. 병원 승객을 태운 날은 어느 병원이든지 몇 번을 가게 된다. 나뿐 아니라, 동료 기사들의 대화를 듣다 보면 일부러 드러내지 않았던 징크스를 들을 수 있었다. 경력이 늘어갈수록 기사들은 나름의 징크스가 생겼는지도 모른다.

"아저씨, 내비게이션대로 가지 마시고 큰 도로로 가 주세요. 쿵덕거리는 게 싫어서 그래요."

반대로 한가한 뒷길을 원하는 승객도 있다. 요즘은 각자의 목적지로 갈 길을 선택하고 요구하는 추세이다. 자신의 편의를 위해 만들어진 징크스일 수도 있다.

'으레 그렇게 될 수밖에 없는 악운으로 여겨지는 것'이 징크스라고 한다. 펠레의 징크스는 워낙 유명해서 한 번쯤은 들어봤을 것이다. 농구의 서장훈도 반바지를 입고 온 날 승리한 이후 아무리 추워도 경기가 있는 날은 꼭 반바지를 입고 경기장에 왔다고 한다. 미국의 마이클 조던도 유니폼 안에 노스캐롤라이나 시절 입었던 반바지를 항상 겹쳐 입는 징크스가 있었다고 한다. 차인표가 출연하는 영화는 무조건 망한다는 속설도 있고 배우 하지원은 가수 임창정과 동반 출연하는 영화는 무조건 대박이 났다고 한다. 그러나 임창정 혼자 출연하는 영화는 무조건 망한다는 속설도 있다고 했다. 이렇듯이 미신이라는 뉘앙스가 담긴 단어가 바로 징크스다. 밥을 안 먹으면 배가 고파진다는 것처럼 객관적으로 인과 관계를 확인할 수 있는 현상은 징크스가 아니라고 한다. 대다수 사람은 살아가다 보면 드러난 실력 외에 운이나 컨디션 등 다양한 요소로 결과를 본 경향이 많다 보니 극복이나 위로 차원에서 자신이 의도적으로 징크스를 만드는 편이 많다고 심리 전문가는 말하고 있다.

  IMF는 내 가정에 쓰나미처럼 밀려들어 와 덮쳤다. 한 번 꼬인 결제 대금은 갈수록 꼬이기를 멈추지 않더니 어느 날 맥없이 꼬임이 끊기면서 하던 사업이 부도가 났다. 되돌릴 수 없을 지경에 이르고 나서야 정신을 차릴 수 있었지만, 대책은 없었다. 하나둘 정리된 삶은 온 식구를 코너로 몰아세웠고 부대낌은 멈추지를 않았다. 연이은 현장에서의 사고와 공사 미납금은 날카로운 비수가 되어 목을 찌르고 있었다. 실력만큼은 충분하다는 자만감은 변하는 세상살이에 따라가지 못한 악재였다. 운이나 인간관계를 무시했던 결과였는지도 모르지만, 모든 게 정리되고 나서야 나에겐 사업가 재능이 없다는 누군가 건넨 오래전 말이 기억났다. 세 번째 사업의 실패도 결국 사업하면 안 되는 징크스였다며 자신을 위로했다. 내 모든 것과 내 가족의 모든 걸 주고 배운 인생의 경험이었는데 징크스로 취급했던 내가 한심스러웠다. 흐르는 물은 거칠게 솟은 바위도 안고 돌아 흐르면서 절벽에선 떨어지고 쓰레기든지 물고기든지 다 감싸 안으며 흐르는 이유는 낮은 곳으로 흘러가기 위한 배려였다는 걸 인제야 어렴풋이나마 깨닫게 되었다.

육십이란 숫자가 친구들 입에서 한동안 오르내린 적이 있었다. 세상에서 한 발짝 물러나는 최후의 나이라며 육십이란 숫자에 눌려 생각이 언행을 변하게 할 수도 있다며 긴장을 해야겠다는 말이 오갔다. 베이비 붐 세대는 인구가 제일 많고 은퇴 시기도 얼마 남지 않았다. 젊은 시절에는 나라의 중심이었지만 늙어가며 세상에서 걸림돌이 될 수도 있다는 뉴스 시사도 본 적 있다. 이렇듯이 어려운 조건이나 환경에 처하면 징크스란 덫을 양산하는 이들을 사회 곳곳에서 종종 본다. 우리의 일상은 순간마다 징크스다. 준비된 징크스는 우릴 노리고 있다가 느닷없이 찾아온다. 징크스와 더불어 사는 것도 인생의 완숙한 노련미가 아닐까 싶다.

살아오면서 바른 생각이 바른 행동을 부르고 그 바른 행동을 믿었기에 바른 생각을 할 수 있었던 나였다고 생각한다.

택시 돌싱의 속내

바람은 겨울을 데리고 왔다. 코로나 확산이 벌써 1년을 넘겼다. 심각한 사태도 습관이 되니 별거 없고 요즘은 특별한 것조차 없다. 이 회사에 출근한 지 삼 년을 넘기다 보니 옮겨야 할 때가 되었나 싶은 생각도 든다. 교대 기사가 없는 상황이 오래간다는 건 주변에서 보는 내 평판이 썩 좋지 않다는 뜻이기도 하다. 술과 담배 못하는 사람과 오전 4시 교대 시간을 고집하는 나다. 주변에서는 평판이 좋은 회사여서 삼 년 전 입사를 했고 현재 차량은 이 회사 근무하면서 다섯 번째로 바뀐 차량을 오늘 배차를 받았다. 기사로 돌싱, 택시도 돌싱 오늘 새로 만났다. 이 회사에 오기 전 십여 년 다니던 택시 회사가 매각되면서 석 달 쉬었다. 이십 년간 택시 운행하면서 다시 출근하게 된 다섯 번째 회사가 이 회사이다.

강산이 두 번이나 변한 택시 기사로서 가장 민감하게 받아들이는 게 교대 기사이며 택시를 통해 부부 비슷한 연을 맺는다. 교대 기사에 대한 선택권을 주지 않는 회사도 있고 배차 담당자 눈에 들게 적당한 비위에 덧붙여 때맞춘 커피 한 잔 건네는 뇌물 공여로 조건을 맞출 수도 있고 성실한 근무자에게는 혜택을 주기도 한다. 12시간 각자의 근무가 끝나고 나면 교대하면서 택시 운행 시간은 24시간이다. 서로의 영업 실적도 공유하고 택시의 이상 유무도 주고받는다.

  난 술 담배를 안 한다. 보편적으로 술 담배를 하는 택시 기사도 많지만, 2000년 전후를 비교하면 금연 금주하는 기사들 숫자가 많이 늘었다. 여객자동차법 제26조 운수 종사자의 준수 사항에 흡연 금지가 있다. 정확히 말하자면 승객에 대한 흡연 제재는 없다는 게 좀 우습다. 가끔 담배를 입에 물고 타는 승객도 있다. 흐름에 따라 흡연을 강력하게 제어하면서 택시 안에서의 흡연자는 거의 없어졌다. 차 내 흡연은 승객뿐 아니라, 교대 기사에게 찌든 냄새로 인한 간접흡연이란 직접 피해와 승객의 불만을 분담하는 간접 피해도 받는다. 승객들이 왜 차 안에서 담배를 피우냐고 야단은 치고는 바로 하차한 때도 있었고 승객이 서울시에 신고해서 두세 번의 충격적인 경험을 겪으면서 회사에 금연하는 교대 기사를 강력하게 요구했고 받아들여졌다.

  난 택시를 밥그릇이라고 부른다. 현실적인 수입이 얼마냐에 따라 죽도 먹고 밥도 먹을 수 있으니 내 가족의 밥그릇이 맞다. 차량 자동 세차는 물론 깔판도 청소하지 않는 기사가 생각 외로 많다. 속된 말로 저 먹은 밥그릇도 치우지 않는 택시 기사의 생각과 행동을 보면 사람 됨됨이가 오죽하겠는가, 싶지만 난 절대 방치하지 않고 따진다. 이유는 프로 택시 기사가 아니라는 뜻이고 적성에 맞지 않으면 택시 기사를 하지 말라는 것이다. 이래서 까다롭다고 소문이 나서 교대 기사 없는 돌싱인 된 모양이다. 맘에 쏙 드는 새로운 교대 기사를 하염없이 기다리면서 임을 기다리는 제주도 돌하르방처럼 되었다.

세상에서 대접받으려면 그만큼 내가 지켜야 할 것은 지켜야 한다. 요즘 다들 자유를 요구하지만, 자신의 자유로움을 만끽하려면 먼저 남에게 피해를 주지 말아야 제대로 된 자유라고 생각한다. 자신이 보는 의식에 대한 의미가 바뀌어야 대접받을 수 있다고 본다.

교대 시간을 바꿨다. 몇 년을 해도 해도 모자라는 글쓰기 공부를 더 해야 할 것 같은 생각이었는데 때마침 예전부터 아는 시인님이 추천한 (사)종합문예 유성 산하 글로벌 문예 대학 문창과 1기로 입학했다. 문창과의 빡빡한 일정에다가 과다한 분량의 과제는 택시 근무하면서 하기에는 시간이 부족했다. 직업적으로 숙면도 충분히 취해야 했기에 과제물에 능력의 한계를 드러냈다. 어느 날 깜빡 졸음운전으로 사고가 났지만 큰 사고가 아니어서 쉽게 해결했다. 도저히 시간 맞추기가 힘들어 아예 오전 4시부터 거의 쉬지 않고 오후 1시까지만 승무하는 오전 근무만 했다. 2020년 초부터 코로나 발병으로 인하여 내겐 시간의 숨통이 트여 글쓰기 공부에 더 매달릴 수 있어서 한편으로는 코로나가 고맙기까지 했다. 21년부터는 시보다는 수필이나 소설에 적성이 있는 것 같아 광화문 소재 이산 아카데미에서 1년여 작문 공부를 더 할 수 있는 기회가 생겼다. 덕분에 잘 마칠 수 있었고 원하는 만큼의 대가도 충분히 얻을 수 있었지만, 글쓰기에 대한 목마름은 지금도 여전하다.

직업은 직업이니까, 난 프로 택시 기사다. 어둠을 헤치고 을씨년스러운 모습을 지닌 서울 33바 ○○○○를 찾았다. 택시 기사 직업으로 이십 년이 흐르는 사이 새 차를 받기도 하고 중고 차량으로 배차받기도 했다. 택시 주변을 두어 바퀴 돌며 택시 겉면을 탐색하며 드러난 것보다는 보이지 않는 속이 건강해야 고장이 덜 나겠지만, 성형 수술할 정도면 썩 기분은 좋지 않다. 어찌 되었건 어떤 문제가 돌출되기 전까지는 흔적과 냄새를 주고받으며 내 밥그릇으로 인연을 맺은 소나타의 운행기록은 30만 킬로를 막 넘고 있었다. 영업용으론 아직 좋은 차량에 속한다. 영업용 차량은 교대 기사와 합해서 한 달에 평균 1만 킬로의 거리를 달린다. 삶의 동반자가 된 택시와 하루 열 시간 정도는 미우나 고우나 붙어 있어야 한다. 영업 전 늘 핸들을 잡고 나직이 속삭인다. 오늘 하루도 우리 잘해 보자고 진실한 기도를 한다.

오래전부터 그렇듯이 난 새벽 매력에 빠져있다. 새벽의 잔잔함이 좋다. 옛말에 나그네야 지나던 길가 우물에 침 뱉지 말라 하던 말이 생각났다. 나 역시 승객이 될 수도 있고 내 가족이 승객이 될 수도 있다. 다시 붙잡은 택시 핸들을 놓을 때까지 친절한 기사로서 직업에 최선을 다하겠다고 다짐해 본다.

글 쓰는 이로서의 품성도 갖출 것이다. 삶을 배우고 나누는 작가가 되고 싶다. 자신이 자신을 만드는 건 당연하다. 똑같을 것 같지만 똑같지 않은 날로 반복되는 게 우리 삶이다. 틈틈이 주어진 삶의 경고도 받아들이고 여유로운 운전 습관을 들이는 데 더 노력해야겠다. 자신에게 더 까다로워지자, 더 까칠해지자, 내가 나를 만드는 거니까.

엄마 찾아
삼십 년

　코로나가 있거나 말거나 겨울은 온다. 겨울은 봄을 거스를 수 없다. 어둠은 작은 빛에도 흩어지고 태양도 짙은 구름에 가려지는 게 순리다. 만난다는 건 이별이 곧 올 것이고 이별이라면 곧 만남도 있을 거라는 어느 시인의 글이 어렴풋이 생각난다. 사랑하는 건 아픔이고 행복이어서 양면성이라는 노래도 들었다. 주말이다. 아직도 채 걷히지 않은 새벽을 내 달린다. 이 많은 차는 대체 이 시간에 어딜 가는지 요란스레 달리고 배달 오토바이는 저 혼자 신났는지 지그재그로 달린다. 제명 재촉하느라고 다들 고생을 사서 한다. 마스크를 쓴 채 삼삼오오 모여 선 젊은이들을 바라본다. 나도 한때는 밤을 낮처럼 보냈던 기억이 떠올라 멋쩍게 피식 웃었다.

　가로등 아래 훤칠한 젊은 친구 두 사람이 손을 든다.
　"어서 오세요."
　"아저씨, 조금 먼데요. 수원 영통으로 부탁드립니다. 가다가 한 곳에서 이 친구 내려 준 다음 또 타고 가도 되죠."

"알겠습니다."

뒷좌석에 앉은 두 사람의 들뜬 목소리는 떨리고 있었다. 좁은 공간이라 안 들을 수가 없었다. 뒷좌석 안쪽에 앉은 친구가 마음속 깊이 박혀 잊으래야 잊을 수 없는 소중한 사람을 몇 시간 전에서야 만날 수 있었다는 이야기였다. 난 듣다가 내 설움에 복받쳐 눈물이 흘러내렸고 거의 울먹이는 목소리로 첫 목적지에 다 왔음을 알렸다. 늙어가면서 주책이다 싶은 정도로 운다. 드라마 보고 운다고 아내가 놀리곤 했다. 슬프면 자동으로 양 볼을 타고 눈물이 뚝뚝 떨어진다.
"친구분 내리실 곳 거의 다 왔습니다."
"조금 더 내려가셔서 두 번째 건널목에서 세워주세요."
"집 앞까지 들어가지 그러냐?"
"아냐, 담배 피우면서 걸어가려고"
뭔가 부족한 듯한 헤어짐에 두 사람은 손바닥을 차창에 마주 대며 아쉬움을 전한다.
"내비게이션 찍히는 대로 가면 되나요?"
"네."
승객의 들뜬 목소리는 아직도 하늘에 둥둥 떠 있는 기분인 모양이다.
"기분 좋은 만남이 있었나 봐요. 기분이 너무 좋아 보이십니다."
"맞아요. 저 오늘 친엄마를 29년 만에 만났어요."
그의 말과 숨소리가 심하게 떨리더니 울음소리로 변했다. 실로 강산이 세 번이나 변해서 만났으니 오죽했겠는가 싶다.
"엄청나게 설레는 하루였겠네요."

"무아지경이라는 뜻 아시죠? 아까 그 친구는 내 속을 다 아는 친구예요. 그 친구 앞에서도 드러낼 수 없는 게 있어요. 제가 너무 힘들게 살아온 걸 알기 때문에 그리움보다는 분노와 증오를 같이 나눈 친구였어요. 오늘 그 친구는 좀 떨어진 곳에서 엄마 사진도 찍어주었네요."

그의 들뜬 말은 쉬지 않고 이어지고 한여름을 적시는 장대비도 따라 끈질기게 쏟아지고 있다.

오늘 만나서 핑계 같은 이유도 들었다고 했다. 그런 변명보다도 엄마라는 이름을 그토록 부르고 싶었는데 입 밖으로 한 번도 부르지 못했다고 한다. 눈물도 꾹 참았다고 한다. 진짜 궁금한 건 물어볼 수도 없었다고 한다. 어머니의 물음에 그저 짧은 대답만 했다고 한다. 긴 시간 엉켜있던 분노도 엉킨 실타래 풀어지듯이 풀어졌다고 한다. 그립고, 보고 싶고, 궁금해서 눈물로 지샜던 날을 셀 수도 없었지만, 지금은 기쁜 눈물을 흘릴 수 있어 좋다고 한다. 여태껏 가족 누구와도 엄마 이야기는 금지 사항이었다고 한다. 여자 친구에게도 엄마는 죽었다고 했단다. 엄마에게 존재하지 않는 자신이 그렇게 싫었다고 한다. 여린 가슴을 짓눌렀던 검은 구름이 걷히고 파란 하늘에 뜬 엄마라는 햇살이 준 따뜻함을 잠시나마 느꼈을 것이다. 승객은 흐릿한 기억이어도 엄마 앞에 섰을 때 엄마를 대번에 알아봤다고 했다. 건강하신 모습에 감사하다는 생각도 들었다고 한다. 어머니가 꺼내 놓은 건 어릴 적 자신의 사진이었는데 지금도 보관하고 있었다고 한다. 피는 물보다 진하다는 옛 어른 말도 생각났다고 했다.

"거의 다 와 가네요. 지금 마음을 잊지 말아요. 살아가다 보면 더 힘든 일은 얼마든지 겪을 수 있습니다. 부럽습니다. 행복한 게 이런 것이란 걸 직접 봅니다. 진짜 행복하세요."
"기사 아저씨도 좋은 일만 많으세요."

버겁게 살아왔어도 육십 넘은 이 나이에 세상 부러울 게 없던 나였다. 오늘은 저 청년이 부럽고 진짜 부럽다. 나야말로 어두운 그믐밤 같은 삼십 년의 두 배가 넘는 날을 날마다 그리움을 가슴에 묻고 살아왔다. 실제 엄마의 얼굴을 그리려 해도 기억 없는 얼굴을 도화지에 그릴 수도 없었고 꿈에서도 그릴 수 없었던 엄마라는 말이 잊힐 만하면 누군가를 통해 가슴에 아리게 파고들어 흔적을 새기고는 사라진다. 으슥한 골목에서 택시를 세우고 난 한동안 어깨를 들썩여야만 했다.

사람 사는 세상은 자의든 타의든 이산가족이 될 수 있다. 특히 우리나라는 광복 이후 분단국가로 이념 분쟁과 전쟁으로 이산가족이 생겼다. 누구나 기억날 것이다. 전 세계적으로 눈물이 폭포수처럼 쏟아지게 방송했던 1983년 6월 30일 KBS 특별생방송 〈이산가족을 찾습니다.〉라는 프로그램이 5개월 동안 릴레이 방송을 했었다. 시청률이 거의 80% 이상이었을 것이다. 눈물 콧물이 범벅된 채 서로를 껴안고 울고불고 난리였다. 지켜보는 이들도 훌쩍거리긴 마찬가지였던 이산가족 찾기 운동이었다. 갖가지 사연을 접수하려는 이들의 긴 줄을 우리 민족은 잊지 말아야 한다. 서로 엉켜 끌어안고 펏 줄을 만난 이도 있지만 70년이 된 지금도 그리움에 가슴 치는 이도 많다. 사람의 연을 끊는 게 인간으로서 할 일이 아닌 것은 분명하다. 사람만큼 잔인한 동물은 없다더니, 전쟁과 이념 또는 생활고로 인하여 생이별을 많이도 겪었던 60~70년대였다.

 사람이나 자연과의 유대 관계를 위해 사회생활을 어릴 적부터 습관화해야 한다고 유아 교육 전문가는 말한다. 부모는 자식에게 이유 없는 책임을 져야 하고 또한 부모도 시대에 따라 변화해야 한다고 한다. 문제를 문제로 만드는 게 우리나라 사람들 특성이며 우리는 마음의 벽을 잘 쌓는다. 미리 가늠하지 말고 부딪히더라도 대화로 나누며 살아가라고 새삼 부탁한다. 생각이 다르다고 아예 닫아버리면 대화는 막힌다. 다시 열기가 어려운 게 사람 마음이다. 그로 인해 나처럼 평생 가슴에 못이 박혀 사는 사람이 생긴다는 것을 유념하자. 사람이 모이면 시끄러운 건 당연하다.

 부부는 인륜이고 부모 자식은 천륜이라는 말이 있다. 자식을 보면 부모를 아는 게 바로 인성 교육의 기초라고 했다. 그 인성 교육을 부모가 직접 가르쳐야 한다. 비록 시끄럽고 번거롭겠지만 자신을 또는 자식을 인간답게 발전시킬 수 있을 거라고 난 굳게 믿는다.

운전 습관
업그레이드

일 년 사계절이 돌고 돌아와도 똑같은 날은 하나도 없다. 보온병에 생수까지 가지고 다니지만, 손이나 발바닥이 건조해 갈라지기까지 한다. 물을 사 먹을 순 있는데 과다한 물 소비는 화장실을 자주 가게 한다. 서울 시내에선 화장실 찾기가 만만치 않다. 땀이나 소변을 통해 적정량의 수분을 배출해야 체온도 조절이 되고, 피부의 보습제 역할을 해 주기도 한다면서 특히 봄에 수분 섭취를 자주 하라고 의사는 내게 권했다. 어제는 지나갔고 오늘은 새롭다. 순식간에 변해 가는 서울 시내 도로를 오늘도 누비고 다녀야 하기에 택시에 시동을 건다.

1971년 8월 15일 답십리 방면에서 청계천으로 쭉 이어져 광교 사거리나 명동성당 지나 1호 터널 방향 충무로로 오르내리는 청계고가 도로가 연결되어 있어서 서울 시내 교통 체증을 일부 완화해 주는 역할은 했었다. 2000년대 들어 고가 도로 노후화 문제가 제기되었고 고가 도로 때문에 하천 정화가 쉽지 않아 악취가 풍겼고 거

대한 콘크리트 구조물이 도시 미관을 해친다는 불만이 고조되면서 철거하기로 결정이 났다. 청계고가 도로는 2003년 6월 30일 완전히 걷어냈다. 도시 구조와 교통에 대한 인식이 변하면서 애물단지가 된 서울 시내 고가 차도 8곳을 2017년부터 단계적으로 철거를 시작했다. 아현고가를 시작으로 떡전교 미아사거리 서대문 홍은동 약수동 신설동 가리봉 오거리 등 서울 시내 곳곳의 고가 도로를 차례대로 철거해 나갔다.

"아저씨, 좀 돌아가더라도 성산대교 쪽으로 가 주세요."
"철거 공사 때문에 그러시구나. 알겠습니다."
지금은 여의도 방면 선유 고가 차도 철거 공사가 한창이다.

교통 운영 개선 방안으로 철거된 고가 차도 대신 중앙버스전용차로가 신설되었다. 고가 도로 철거로 바뀐 운전 습관이 겨우 익숙해지는가 싶더니 한강로 구간에 중앙 버스 전용 차로제가 처음 도입되었는데 대중교통을 이용하는 승객에게 시간 단축의 편의를 제공하고자 하는 계획이라고 했다. 허가받은 버스만 통행하도록 함으로써 대중교통인 버스의 통행 속도를 높이고 도로의 정체를 피하고자 지정된 차선이라고 홍보했다. 그렇게 2004년부터 서울 시내에는 중앙 버스 전용 차로제가 도입됐다. 택시 운전하는 나로서는 운전 습관을 또 바꿔야 하는 시련이 닥쳐왔다. 절대 진입 불가 차선과 시간에 따라 진입이 허용되는 차선이 있어 유형별로 운영 시간이 다른 걸 습관이 되도록 입력시키는 데 많은 시간이 걸렸다. 출근길은 그렇다

치고 평상시에도 차량 운행이 더뎌 택시 수입에도 지장이 많았고 중앙 버스 전용 차로제로 인하여 승객의 짜증 섞인 말을 당시엔 매일 듣다시피 했다.

택시 영업 중에도 중앙 버스 전용 차로와 가변 버스 전용 차로를 무단 횡단하는 사람들의 교통사고를 종종 보게 되었다. 무슨 일이고 좋은 게 있으면 나쁜 것도 있다는 사실을 염두에 두고 미리 나쁜 점을 예방하는 방법을 선택했다면 불법이어도 귀한 생명을 잃지는 않았을지도 모른다. 그나마 다행인 것은 서울 시내는 주말엔 중앙 버스 전용 차로 외엔 모두 해제되었기에 숨통이 풀리곤 했다. 바뀐 교통 운행 환경에 익숙해지려면 많은 시간이 필요했었다. 오랜 경험의 택시 운행도 필요 없을 때가 많았다. 바뀐 도로 상황에 적응하면서 몸에 배기까지는 상당한 인내도 필요했었다.

주거 환경이 낙후된 지역에 고층 아파트를 신축함으로써 주거 환경 및 도시 경관을 재정비하는 사업인 재개발이나 재건축 공사 현장이 여기저기서 우후죽순처럼 생겨나고 있다. 오래된 불량 주택을 철거하고 폐자재를 싣기 위한 대형 덤프트럭이 도롯가에 일렬로 정차해 교통을 마비시키기도 했다. 기존의 낡은 아파트나 연립 주택 지구를 통째로 철거하는 곳이나 신축 중인 현장 근처로 공사 관계자를 태우고 들어갔다가 인적마저 끊겨 빈 차로 나오는 게 다반사였다. 출근 시간에도 피해야 할 대상이 된다. 또다시 운전 습관을 업그레이드해야 할 때가 된 것 같다. 영업상 아예 그 방향으로는 가질 않는 게 가장 좋은 방법이라는 결론이다.

　서울 시내 동서남북 곳곳에 차로를 막고 공사하는 곳이 많다. 9호선 지하철 공사가 끝나갈 무렵 수도권 광역 철도 공사는 물론 경전철 공사도 시작되었다. 곳곳의 도로를 막고 차로는 숨통만 겨우 열어놓은 상태의 차로를 다녀야 한다. 선배 기사의 말이 딱 맞는 말이다.
　"이곳저곳 공사가 또 시작되었는데 십 년 지나야 끝나겠지, 공사 끝나는 것보다 먼저 내가 택시 그만두겠다."
　"우리나라는 그렇잖아요. 그러려니 해야죠."
　승객들도 거의 포기 상태의 서울 도로를 다닐 수밖에는 없는 현실이다.

　난 다시 운전 습관을 업그레이드했다. 세상을 쫓아가면서 변하려고 노력하고 있는 내가 대견스럽기도 했다. 운전 경력이 거의 사십 년이 되어 가는데도 배워야 했다. 플랫폼 시대가 열리면서 데이터에 대한 궁금증이 많아졌다. 핸드폰이 부르르 떨리면서 문자 도착을 알린다. 모바일 데이터를 반 정도 썼다는 소모량 정보가 뜬다. 넓은 의미에서 데이터는 의미 있는 정보를 가진 모든 것의 값, 사람이나 자동 기기가 생성 또는 처리하는 형태로 표시된 것을 뜻한다고 한다. 어떠한 사실과 개념 그리고 명령 또는 과학적인 실험이나 관측 결과로 얻은 수치나 정상적인 값 등 실체의 속성을 숫자, 문자, 기호 등으로 표현한 것이며 데이터에 특정한 의미가 부여될 때 정보가 된다고 한다. 그 덕에 카카오 호출을 받고 있다. 데이터 자체는 단순한 사실에 불과하지만, 일련의 처리 과정에 따라 특정한 목적에 소용되는 정보를 만들기 위한 재료로 사용되는 것이다. 데이터를 통해 만들어진 정보는 또 다른 정보를 위한 자료 즉 데이터로 사용될 수 있다.

 오랫동안 습관화된 나의 택시 운전 방식도 내비게이션에 밀려 이젠 거의 필요 없는 지경이 되었다. 시대에 맞춰 오늘 걷지 않으면 내일은 뛰어야 한다는 말이 정답인 것 같다. 삶을 언제든지 업그레이드 할 수 있도록 준비가 되어 있어야지 세상 흐름에 뒤처지지 않는다. 진화를 쫓아가야지만 세상에서 내동댕이쳐지지 않는 게 현실이 되었다. 부지런히 억척스레 모질게 꿋꿋하게 쫓아가야 한다.

 빛의 강약과 온도 그리고 감정에 따라 순간순간 몸 빛깔을 변화시키며 적응하는 카멜레온처럼 살아가야 하는 세상에서 난 살아가고 있다.

망언 스타

별로 좋아하지 않는 여름인데 폭우가 쏟아져도 뜨거움은 식지 않는다. 조금만 움직여도 땀으로 축축해지며 컨디션마저 계속 안 좋다. 에어컨으로 공간이 시원한 택시에서 내리는 게 더 싫은 요즘이다. 올여름에는 다른 해에 비해 몸에 이상 변화를 자주 느끼고 있다. 택시 기사 직업을 그만두기엔 아직 젊은 것 같고 몸은 예전 같지는 않고 두세 달 쉬자니 그렇고 만사가 귀찮고 힘들다.

새벽 5시여도 환하다. 습도가 새벽 공기를 짓누르고 있다. 코로나로 인해 승객이 타고내릴 때마다 차창을 열어 환기하곤 한다. 요란한 차량 소리와 함께 외제 차량 두 대가 쏜살같이 앞지르더니 꽁무니를 감추고 사라졌다. 곧이어 오토바이 서너 대가 지그재그로 달리며 지나친다. 청춘이 좋은 건지 더위를 먹었는지 찰나에 인생을 송두리째 바뀔 수도 있다는 것을 알긴 하는지 하긴 살짝 미쳐야 인생의 제맛을 느낄 수 있다고도 하더라.

한 시간 이상을 빈 차로 돌아다니고 나서야 동대문 신발 상가로 출근하는 승객이 탔다. 출근 시간도 그럭저럭 끝나갈 무렵 멀지 않은 곳에서 카카오 호출 배차를 받았다.

"아저씨, 어디 계세요?"

"전화 끊으시고 카카오 배차 화면 보시면 택시 운행 경로가 보입니다. 제가 내비게이션 보고 찾아가야 합니다."

급하기도 한 승객이다. 승객 모습이 보였다. 여성 승객은 택시 쪽으로 뛰어온다.

"아저씨, 빨리 가 주세요."

채 십 분도 안 걸리는 거리다.

동묘 앞이라 버스 전용 차로가 있어 차량 속도가 더딘 곳이다. 2차선 뒤편에서 빵빵 소리가 들린다. 안 봐도 안다. 틀림없이 욕지거리를 서로에게 퍼부어 댔을 것이다. 진행 신호에 따라 앞 차량을 따라갔다. 사거리를 지나기 무섭게 SUV 차량이 갑자기 끼어들었다. 급브레이크를 잡고 승객의 안전을 확인했다. 승객은 괜찮으니 얼른 가자고 했다. 신설동 교차로에서 신호 대기 중에 상대방 운전자가 옆 차선에 차를 세우고 삿대질해댔다. 참으려 했는데 상소리가 심해 할 수 없이 택시에서 내렸다.

"운전 처음 하는 겁니까? 그렇게 갑자기 끼어들어 사고 날 뻔했잖아요."

"차선 바꾸는데 네가 속도를 냈잖아?"

하대까지 하며 자신을 변명하는 언행에 기가 막혔다.

"운전 미숙으로 남에게 피해를 줬으면 미안하다고 해야지. 어디다 대고 말을 함부로 합니까."

"내가 뭘 잘못 했는데."

"좀 전에 동묘 교차로 전에도 당신이 2차선 끼어들다 사고 낼 뻔했는데 지금 또 끼어들다 사고 낼 뻔했잖아요. 왜 난폭 운전합니까."

상대 운전자는 잠시 멈칫하더니 한다는 말이 이렇다.

"약 오르지."

순간, 나도 모르게 헛웃음이 나오고 말았다.

"아닌데 네가 약 오르겠지."

잘라 말했지만, 그 운전자와 말 섞기가 싫어 등을 돌려 택시 문을 열었다.

잘잘못의 구분도 모르고 일단 욕설부터 하는 사람도 많다. 사실 나도 예전엔 곧잘 욕설을 퍼부어 댔지만, 언제부턴가 욕을 해봤자 내가 손해고 결국 내 기분만 더러워진다는 걸 알고는 차라리 내가 입을 닫고 만다. 자식뻘도 안 되는 젊은이한테 욕먹는 나 자신이 한심스럽기까지 했으나 무지한 사람이라고 여기며 모른 척하니까 속은 편했다. 상대 운전자가 끼어들면 양보도 하고 내가 어쩔 수 없이 끼어들 형편이면 미안하다고 차창 밖으로 손을 들어 주면서 상대방과의 마찰을 줄이려고 노력하고 있다.

운행 중에도 간혹 운전자들 다툼으로 차가 밀리는 경우가 많다. 작년 가을이었다. 지명을 밝히기가 좀 그렇다. 건너편 건널목에 택시 한 대가 승객을 태우려는지 대기하고 있었다. 바로 뒤에 서 있던 차량에서 사람이 내리더니 마스크를 쓴 택시 기사 얼굴에 침을 뱉었다. 빈 택시였던 나는 신호가 바뀌자 유턴하여 그 장소에서 112신고 후에 택시에서 내렸다. 경찰차가 왔다. 이유는 이렇다. 뒤차가 우회전하려는데 정차한 택시 더러 비키라고 몇 차례 경음기를 울려도 못 들은 척했다는 것이다. 결국 두 사람 다 경찰서로 향하는 걸 보고 자리를 떠났다. 사람이기를 포기한 사람이면 모를까, 아무리 화가 난다고 해도 어떻게 사람 얼굴에 침을 뱉을 수 있을까 싶다. 택시 기사도 다른 차량의 원활한 교통 운행을 위해 특히 건널목 부근에 정차하지 않았으면 진짜 좋겠다.

몇몇 오토바이 운전자는 운행 중에 급가속 급회전 급정지를 자주 하며 불안감을 조성한다. 코로나로 인하여 배달 기사가 많아지기도 했지만, 다 돈 벌기 위함이고 자기 몸에 안전이 우선인데 말이다. 무엇을 위해 위험을 감수하는 거냐고 묻고 싶다. 고작 하루에 번 배달료가 인생을 바꿀 금액은 아닐 텐데 말이다.

새벽녘 정릉 아리랑 고개 근처에서 일산 가는 승객의 호출로 배차 받았다. 도착했더니 학생 같아 보이는 남녀 열댓 명이 있었다. 불안한 마음에 조심해야겠다는 생각은 머리를 채웠다. 청년 한 사람이 주변 도움으로 일어서고 있다. 택시를 청년이 타기 좋게 세웠다.
"천천히 타세요."
내 말엔 대꾸도 하지 않고 서 있는 친구들에게 듣기에도 민망할 정도의 욕설로 간다는 인사를 대신한다. 밖에 서 있는 그들 역시 욕으로 인사를 대신한다. 서로 웃고는 있었지만 나는 기분이 언짢았다.

"출발합니다. 일산 화정역이네요."

"네. 빨리 가 주세요. 편의점 있으면 잠깐 세워주세요."

내부 순환도로 타고 내려온 가좌역 근처 편의점에 세웠다.

"날씨가 더운데 이따가 바로 병원으로 가세요."

청년은 부모 몰래 배달로 용돈벌이도 하며 친구들과 어울린다고 한다. 오늘은 배달 도중 오토바이와 함께 넘어졌다고 했다. 청년은 다친 다리보다 부모님이 알게 되어서 배달을 못 하게 될까 봐 걱정인 얼굴이다. 내 작은아들도 청년 나이 때 나를 많이 힘들게 했고 오토바이 사고가 나서 장시간에 걸친 수술까지 했었다며 부모님께 솔직히 말하고 치료받길 권했다. 당장 즐거움보다 아직 많이 남은 삶에 관심을 가지면 좋겠다고 권했다. 시간과 몸뿐만이 아니라, 세상에는 인간의 생각대로 되지 않는 게 훨씬 많다는 걸 알아야 한다고 말했다.

젊은이들이 잘 쓰는 신조어로 망언 스타란 용어가 있다. 자신을 심하게 낮추는 겸손한 발언을 하는 스타들을 일컫는 말이라고 한다. 인간은 권력이 아니다. 인간이기에 평등해야 한다. 인간이기에 자신을 절제해야 할 필요가 있다. 자신을 다스리지 못하면 결과가 뻔하다는 걸 인간이라면 한 번쯤을 겪었을 일이다.

잘하면 칭찬하고 잘못했으면 시인하고 사과할 줄도 알아야 한다. 겸손은 아름답다고 하지 않았는가, 인간이기에 가능한 일이다. 서로에게 망언 스타가 되어 피날레를 장식한다면 인생에서 멋진 기억으로 남을 텐데 말이다.

사는 건
시험의 연속

십이월치고는 차가운 기운을 받고 걷기 딱 좋은 새벽녘 날씨다. 부지런히 재촉하는 두 발 사이로 찬바람 횡하니 지나친다. 근무하는 택시 회사까지는 눈비가 오나 바람이 부나 햇살이 쨍쨍 내리쬐어도 하루도 쉼 없이 출근한다. 거리는 2.5km 정도이고 시간은 사십 분 정도 걸리는 거리다.

완전히 자리 잡힌 주 5일제로 차량 흐름이 한가한 토요일이다. 연말이 가까워지면서 주말이면 지역에 있는 중고등학교에서는 특정된 자격시험이 있다. 자격증 시험일에는 이른 시간부터 수험생들의 발걸음은 분주해진다. 편의와 욕구를 위해 사람들은 갈수록 섬세함을 요구하게 되었고 시대 흐름에 따라 세분된 전문성이 필요한 세상이다 보니 처음 들어보는 이런저런 자격증이 셀 수 없이 많다. 코로나로 인해 취업하기가 낙타가 바늘구멍 들어가기보다 어렵다고 하니 자신을 다른 사람과의 차별화를 위해 내세울 수 있는 건 자격증뿐이라고 젊은이들은 말한다. 취업을 위한 자격증 취득은 당연한 것이 되었고 사회에 첫발을 내딛는 청년들은 저마다의 취업에 매달리고 있다. 뒷바라지하는 부모에게는 자식 취업이 소원이 되었다.

 오전 열 시까지는 다니는 차량도 뜸하고 승객도 뜸한 게 주말 오전 시간의 특징이다. 이른 시간부터 눈빛만 봐도 난 수험생이라는 티가 확 나는 승객 두 사람을 태웠다. 도착한 학교 주변은 차창을 통해 보아도 어수선한 분위기였다. 교문 기둥에 국가 자격시험이라고 써 붙어 있다. 웃음기가 사라진 젊은 청년들의 굳은 눈빛이 교문을 넘어서고 있다. 오늘도 무슨 시험이 있기는 있구나, 혼잣말로 중얼거리며 운행하는데 저만치 보이는 건널목 앞에 다급하게 손짓하는 승객이 보였다.
"아저씨, 돌려서 갈 수 있나요? 부탁드려요."
"얼른 타세요."
"어디로 가 드려요?"
"○○공고로 가 주세요."
좀 전에 지나쳐 왔던 학교였다.
"오늘 거기서 시험 봐요?"
"청소년 지도자 자격증 시험이에요. 저는 대학에 근무하는 데 앞으로 필요할 것 같아서 공부했어요."
"청소년 문제에 관심이 많으신가 봐요?"
"자녀도 있다 보니 겸사겸사 공부하게 되었습니다."
"시험 잘 보세요. 응원합니다."
 역시 도전하는 사람 모습은 좋다. 자기를 훈련하고 준비하는 모습을 보면 덩달아 기분이 좋아진다.

시험 보러 가는 승객의 말을 빌리자면 서류상 자격 쌓기는 이젠 옛이야기라고 한다. 실제 직무 능력을 살피는 방향으로 기업의 채용 방식이 바뀌고 있다고 한다. 특히 신입 사원보다는 현실에선 대부분 채용 공고는 신규 채용이라고 한다. 경력자들이 서로 경쟁하면서 우위를 차지하기 위해 신입 사원으로 위장 지원하는 사람도 늘고 한다고 한다. 대학을 졸업한 그들이 정작 열고 들어갈 신입 사원의 문은 제한적이어서 취업 포기자까지 생긴다며 긴 한숨으로 말을 맺고 택시에서 내렸다.

사람이 만든 시험이 사람을 힘들게 한다. 내가 살아보니 평생이 시험 기간이고 하루하루가 시험 보는 날이다. 회사든지 단체든지 사람을 판단하고 결정하는데 나름의 규칙을 정해 놓고 넌지시 보거나 강하게 질책한다. 규칙에 사람을 맞추어 자유롭지 못하게 제어하는 세상이다. 독창적이고 자유분방한 인간의 삶이 점점 규격에 선택되어 제품화가 되어가고 있는 현실이다. 게임의 종류를 봐도 그렇다. 신무기의 장착을 위해 규칙을 따라야 한다. 내비게이션도 철자 하나 틀리면 가고자 하는 목적지를 찾지 못한다. 규격에 맞는 사람만이 살아남는 현실이 안타깝지만, 살아남기 위해선 시험으로 자격 인증을 받을 수밖에 없다. 목적에 맞는 종류의 강력한 전문성도 갖추어야 당락 결정이 된다고도 한다. 시험으로 판단하는 게 세상의 전부는 아니다 하더라도 어쩔 것인가, 그렇다고 자격 미달이라면 또한 곤란한 일이 아니던가, 아무튼 자격은 어떻게 하든지 있어야 하니까 말이다. 시험을 통해 자격을 얻는 날까지 후회 없는 노력은 해야 한다. 굽이치는 인생길, 돌고 도는 인생길에 실수는 빈번하게 발생할 수도 있지만 꿈꾼 인생의 완성을 위해서는 필요악이어도 자격의 요건은 채워야 한다. 시험이 전부라는 이 말로도 충분하다고 청년들은 말한다.

  나 역시 IMF 시기에 시험 통과와 교육을 받고 택시 기사 자격증을 취득했다. 직업 전환에 따른 망설임이 결심을 더디게 했지만 택시 기사로서의 직업은 그 당시의 내겐 현실에서의 피난처 역할을 톡톡히 해줬다. 이제 강산이 두 번 반이나 변했다. 선수 소리 들을 만큼 적응될 줄은 나도 몰랐지만, 지금은 당연하다는 듯이 출퇴근하는 난 이미 택시 기사라는 직업을 즐기고 있었다. 내가 나를 뭔가로 인정한다는 뜻의 자격증은 오래전 취득한 운전 면허증과 택시 자격증뿐이다. 사실 사는 게 바쁘다는 핑계로 앞만 봤지, 좌우는 훑어보지도 않았다. 자신의 숨겨진 능력과 재능을 찾아 지식을 쌓으면서 찾아가고 도전하는 이들이 부럽다. 인간은 힘들고 지칠 때일수록 깊이 숨겨진 능력이 솟는 존재다. 그들의 열정적 도전 모습을 보면서 나이 들어가며 침묵이 늘어나는 게 전부인 우리 또래에게 여전히 도전하라고 지원 사격해 본다.

  화려하고 빛나는 성공의 삶을 이루려는 게 사람이 아니던가, 내 아이들도 늘 시험에 지쳐 있었던 기억이 있다. 자식을 통해 겪었던 일이었기에 저들의 현실도 조금은 이해가 된다. 그럴 수밖에 없는 사회 구조 탓도 있지만, 너무 빨리 변하는 요즘은 젊은 친구도 따라가기 힘들다는 푸념을 한다.

좋아하고 즐기는 재능 하나에 전념하려는 젊은이들도 점차 많아지고 있다. 그들 역시 자신이 수험생이고 감독관인 시험을 치르고 있다.

시대 변화에 따른 세대 간의 공감이 아주 필요한 세상이다. 세대에 따라 부르는 알파벳은 틀려도 소통은 이루어져야 한다. 취업 문제로 인해 얽히고설키다 보니 부모와의 부딪힘이 발생한다. 강요하기도 싫고 강요당하기도 싫어 부모와 떨어져 산다고 젊은이들은 말한다. 사람이 자기가 좋아하는 일을 하면서 먹고사는데 문제없다면 쓴소리나 잔소리는 필요 없지만 그렇지 않기에 걱정스러운 마음은 지나친 간섭으로 변한다.

특히 내 나이 때 세대는 요즘 세대를 이해할 수 없다고 거의 똑같은 대답을 한다. 택시를 운행하기 전에는 나도 나 때 부류에 속하는 사람이었다. 택시를 운행하면서 만난 여러 부류의 젊은이들 대다수는 자신의 역할에 나름의 최선을 다하는 모습을 보여 주고 있다. 승객으로 탄 그들의 대화를 듣고 그들의 활동과 도전에 박수를 보낼 때가 있다. 나 역시 글쓰기의 도전을 하고 있기에 공감한다. 그들의 이야기를 듣던 도중에 그들의 삶에서 틈새가 보이면 부담스럽지 않은 적당히 좋은 말로 난 그들에게 그 빈 곳을 채우기를 권하기도 한다. 그들은 다른 이의 조언도 거리낌 없이 들을 줄도 안다.

시험이 삶의 전부가 아닐 수도 있다. 어둠을 벗기는 아침 햇살처럼 과거를 덮고 밝은 미래에 도전하는 인간만이 누릴 수 있는 최고의 혜택이 바로 시험이 아닐까 싶기도 하다. 인생을 소신껏 산다는 것이야말로 또 하나의 성공을 건졌다는 말과 함께 자기 삶에 충실한 그들에게 박수를 보내고 싶다.

짐 캐리의
트루먼 쇼

　코로나바이러스의 습격은 영화관에서나 볼 수 있는 미래 영화나 소설에서나 겪을 만한 가상이 현실이 되었다. 근무 시간 외에는 집 안에 거의 갇히다시피 하며 봄, 여름, 가을을 보냈고, 소리 없는 겨울은 문지방 앞에 다다랐다. 코로나바이러스 활성화가 잠시 뜸한 사이 틈새를 놓치지 않고 대륙에서 불어온 초미세먼지와 황사로 꽉 찬 겨울 새벽이 열렸다. 사람마다 코와 입을 막은 마스크를 쓴 모습이 익숙해져 가는 건 현실에 무뎌지고 적응하고 있다는 것이다. 감염 통제가 준 아픈 현실의 속내까지 드러나는 시대를 살면서 마스크로 자신을 감추려는 마음은 짙어지고 있다.

　마치 누가 CCTV로 지켜보면서 조종하는 것처럼, 코로나19는 새로운 변이에 변이를 거듭하며 새 이름을 얻을 때마다 인간은 점점 작아지고 있다. 확진자와 사망자는 늘어나고 줄어들기를 반복하고 있다. 직장을 다니든 장사를 하든지 사람은 사람을 상대해야 하는데 그 관계마저 끊으려고 하는 코로나 앞에서 우리는 무엇을 어떻게 해야 하는가에 대한 해결할 방법은 보이지 않고 거리 두기만 존재한다.

택시에는 안전을 핑계로 블랙박스가 설치되어 있고 GPS로 차량 이동을 꿰뚫어 볼 수 있다. 미터기나 영수증 기계를 통해서도 운전자의 모든 행동을 짐작할 수 있다고 한다. 어느 날인가 병원에 급히 들를 일이 있어 두세 시간 택시 운행을 못 했는데 그 사실을 사무실에서는 다 알고 있었다. 난 깜짝 놀랄 수밖에 없었고 할 말을 잊었다. 전자 시대에 사는 우리는 회사나 나라에서 사육되고 있을 수도 있다는 책을 읽은 적이 있다. 1984년에 조지 오웰이 집필한 《1984》에는 빅 브라더라는 인물이 나온다. 이 책은 정보를 독점하면서 보호라는 선의 탈을 쓰고 사회를 관리하는 권력과 사회 체계를 쓴 미래 소설이다. 그 당시에는 비현실적이었지만 소설과 흡사한 감시 체계가 현대에 이르러 실제 상황이 되어가고 있다. 아니 벌써 그렇게 되었는지도 모른다. 어느 지역에 범죄가 일어나면 특정된 범죄자의 동선까지 CCTV를 통해 파악한다는 뉴스를 본 적도 있다.

보안업체 근무자를 승객으로 태운 적이 있었다. 궁금한 점을 묻고 듣고 싶어서 말을 건넸다.
"일찍 출근하네요."
"보안업체에서 근무하는데 교대 시간이 급해서요."
출근길이 바쁘다는 승객에게 다짜고짜 궁금한 걸 물었다. 겉의 유토피아와 속의 디스토피아를 드러낸 《1984》 빅 브라더와 〈트루먼 쇼〉에 관하여 설명했다. 어색한 분위기가 깔렸다. 난 큰소리로 웃으면서 불편한 기색이 역력한 승객의 기분을 다독이며 물었다.

"쉽지 않은 직업이네요. 진짜 궁금한데 물어봐도 되나요? 전자 감시 체계에 종사하는 직업에서 본 조지 오웰이 쓴《1984》빅 브라더에서 보는 감시 체계나 짐 캐리가 주연한 〈트루먼 쇼〉라는 영화처럼 현실에서도 가능하다고 보시나요? 죄송합니다. 제가 궁금한 게 많아서 여쭤봅니다."

"저희야 보안과 도난 방지 전문이라 자세히 알지 못하지만, CCTV 종류가 워낙 다양하니까, 필요로 쓰시는 분의 의도가 가장 중요하지 않을까요?"

"CCTV도 종류가 다양한가 봐요."

"범죄 예방용도 있고 다목적용도 있어요."

"제삼자를 통해 들은 이야기입니다만, 보안과 도난 방지 목적을 핑계로 설치된 CCTV는 직원들 일거수일투족 감시용으로 전환해서 근무태도 평가도 한다고 하더라고요."

"회사에 문제가 되는 사람의 사진을 캡처해서 해고용이나 경위서 작성용으로 활용하기도 한답니다."

"과도한 사생활 침해도 적잖이 많지만, 시키니까 어쩔 수 없어요."

승객은 어벌쩡하게 대화를 끝내고 있었다. 맞는 말이다. 위에서 시키니까, 출근길에 마음이 불편할 것 같아 더 묻지 않고 거듭 죄송하다는 사과의 말을 했다. 승객도 괜찮다며 환히 웃고 내렸다.

1998년 상영된 짐 캐리 주연의 〈트루먼 쇼〉라는 영화는 몇 번에 걸쳐 유선 방송을 통해 본 적이 있다. 영화는 사회 과학적으로 상당히 강력한 메시지를 전달하고 있다. 주인공 자신만 자신이 리얼리티 쇼의 주인공인지 알지 못한다. 일반적인 삶을 살고 있다고 생각하는 주인공의 삶은 모두에게 낱낱이 공개되고 있다. 쇼의 기획자에 의해 설계된 공간에 사는 주인공의 일거수일투족이 방영되고 있었던 거다. 트루먼 쇼에서 던지는 사례를 보더라도 우리는 역시 감시당하며 사는 게 맞다. 틀 속에 갇혀 사육당하고 상대방의 가치조차도 굳이 모르는 체하는 살아가는 현실이 안타깝다. 나만 아니면 된다며 직접적 피해가 없으면 된다는 우리는 구경꾼이 아니라, 구경을 당하고 있는 것일 수도 있다는 사실에 무섭기도 하다. 집을 나서면서부터 아파트 주차장, 가로 방범용, 편의점, 지하철이나 버스나 택시 내부, 회사 정문과 내외, 주변 식당과 백화점, 술집이나 카페 등 셀 수도 없는데 이렇게 우린 하루에 수백 번을 찍힌다고 어느 사설에서도 밝힌 바 있다.

물 샐 틈 없는 CCTV와 보안 카메라가 점점 늘어나는 추세다. 이에 따라 불편한 반응을 보이는 사람도 있지만, 범죄자 색출이나 범죄 예방을 위한 필요악이라며 CCTV 설치를 적극적으로 옹호하는 사람도 있다.

얼마 전 자동화 된 블랙박스가 설치되어 있는 새 차량을 건네받았다. 블랙박스를 잘 다루는 사람의 차량은 교통사고의 잘잘못 구분도 금방 볼 수도 있고 보험 회사에서도 보험료 혜택과 사고 경위 파악에 좋다고 하여 나 역시 피해를 방지하기 위하여 다시 배운다는 생각에서 블랙박스를 세트로 장착한 새 차량을 샀다. 정의 구현 하겠다는 어느 사람은 블랙박스에 찍힌 교통 법규 위반을 지속해서 신고하는 사례도 적지 않다고 한다. 나 역시 택시 운행 중 위반으로 인하여 몇 번 경찰서를 방문했고 경고장을 받기도 했다.

뉴스에서 한참 논란이었던 성 착취 동영상도 보통 심각한 문제가 아니다. 그들은 사람이기를 포기한 사람이라 할 수 있을 것이다. 디지털 문화의 급진적 발전이 낳은 악의 축이라고도 칭할 수 있을 것 같다. 느슨한 법체계가 문제이다. 선진국은 하나의 죄마다 형량을 정하고 죄지은 숫자에 형량을 더하여 최종 형량을 정한다고 한다. 우리나라는 형량 최고 합계가 몇 년인지, 기한에는 관계가 없는지 궁금하다. 사형 제도가 없다면 각 죄에 따른 형량을 부과하고 각각 지은 죄의 형량을 합해서 선고해야 사회에서도 경각심을 가질 것이고 죄지은 자를 사회와 철저하게 차단할 수 있다고 생각한다. 보기에도 쉬운 이런 법률이 무엇이 두려워 나서는 이조차 없는지, 죄를 지은 자들이 활보하고 큰소리치는 나라는 아마 대한민국뿐이지 싶다. 이런 뉴스가 하루 한 번은 들린다. 도대체 판검사 하는 이들이 어떤 이유에서 감형하는지 이유를 모르겠다. 공명정대해야 하는데 결과는 책임지지도 않으면서 결과를 만드는 이들을 보면 진짜 답답하고 슬프게 사는 사람들이라고 결론짓고 싶다.

어쩌면 굉장히 민감한 사안에도 우리가 빨리 잊고 돌이키지 않기에 죄가 죄를 낳는 상황에 어느 정도 익숙해진 우리인지도 모른다.

먼 훗날 언젠가는 인간도 〈트루먼 쇼〉에서 연기한 짐 캐리처럼 사육되기를 바랄 수도 있겠다는 생각을 잠시 해 봤다. 영화를 감상하며 느낀 것은 인간은 자아가 존재하기에, 그 존재로 인하여 인간이라는 명칭을 받지 않았는가, 싶다.

　영화 속 짐 캐리는 자유를 얻었다. 하고 싶은 걸 하며 살 수 있다는 것은 행복하다는 사실이다. 지금도 늦지 않았다. 모두가 트루먼 쇼의 기획자일 수도 있고 트루먼일 수도 있다. 섬세하고 빠른 디지털 문화보다는 늦은 속도로 인해 잃을 것이 있어도 급한 나머지 속은 끓어올라도 아날로그 문화가 그리운 건 나이 탓이라며 말로 변명거리 삼아 핑계를 댄다.

대부의
금주령

변이를 거듭한 코로나19로 사람들 얼굴에 드리운 그늘이 점점 짙어지고 있다. 꽉 틀어 막혀 숨쉬기조차 힘들다며 사람들은 비상 탈출구를 찾아 헤맨다. 여름 햇살이 가득한 회사 차고지 마당에는 안 그래도 좁아터진 주차장에 온종일 주인 떠난 빈 택시가 주차되어 있어 일을 마치고 회사로 들어오는 택시가 비집고 주차할 틈이 보이지 않는다. 회사에서는 여름철로 들어서면서 결국 운행 차량을 줄이기 위해 폐차시키는 순서에 들어갔다고 한다. 택시 기사 숫자가 절반 이상 확 줄었다는 걸 피부로 느꼈다.

혹여 강남에는 어떨까 싶어 동호대교를 건너왔는데 강남도 역시 승객이 쉽게 눈에 띄지 않았고 카카오 호출도 거의 응답이 없다. 영동대교를 건너가야겠다는 생각에 진행 방향을 바꿨다. 그때야 영동대교 건너편 화양동에서 승객의 카카오 블루 호출을 받을 수 있었다. 서둘러서 호출 장소에 도착하니 승객은 오른 다리에 깁스하고 서 있었다.

"고맙습니다. 논현동으로 데려다주세요."
"아이고, 어쩌다 다리를 다치셨어요?"

그는 뒷좌석에서 옆으로 비스듬히 기대고 앉아서는 야간에 오토바이 배달을 전문적으로 한다고 말했다. 며칠 전 급한 배달로 도로 운행 중 코너를 돌다 쓰러져 오른발을 다쳤다고 한다. 그는 논현동으로 가는 동안 오토바이 배달하면서 있었던 일을 전쟁터에서의 무용담처럼 입담으로 늘어놓기 시작했다. 내가 가장 궁금했던 건 강남에서는 거리 두기로 인하여 술 먹기도 불편할 텐데 새벽에 택시를 타는 승객을 보면 도대체 어디서 술을 먹고 오는지 알다가도 모르겠다는 내 물음에 그의 대답은 충격적이었다. 강남의 웬만한 술집은 이중삼중 문으로 단단하게 걸어 잠그고 영업 중이라고 한다. 술과 아가씨만 있으면 술좌석이 되고 안주는 별도로 주문한다고 했다. 그의 말을 빌리자면 몰래 영업 중인 술집보다 멀찍이 떨어진 건물 주소로 안주나 담배 등을 배달시켜서 받고 그곳에서부터는 자기들이 직접 들고 몰래 영업 중인 술집으로 간다고 한다. 왜냐하면 불법 영업 술집 단속 요원들이 배달 오토바이를 뒤따라와서 현장을 급습했다고 한다. 그네들은 조심하는 차원에서 이 방법을 쓰면서 배달 기사도 서로의 돈벌이를 위해 업소와 협력해서 요령껏 배달을 마친다고 했다. 한 도둑 열 순경이 못 지킨다고 하더니 딱 맞는 말이다. 시쳇말로 재수 없는 놈만 걸리는 것이다. 단속에 걸려서 내는 과태료 액수는 2~3일 장사하면 다 빼고도 남는다고 한다. 두 번 이상 걸리면 가짜 사장 앞세워 다시 문 열어 장사하고 또 걸리면 또 다른 가짜 사장 앉히는 방식으로 아예 마음 놓고 장사를 했다고 한다. 결국 숨어서 장사를 계속하면 되레 술값을 비싸게 받을 수 있어 돈을 더 버는 현상이 생기고 만 것이다. 《대부》 영화의 한 편을 보는 것 같다. 결론적으로 법 지키는 정직한 사람만 묶어놓은 거리 두기란 푹신푹신한 법 규정으로 올바른 사람만 죽으라는 것밖에는 안 된다는 게 그들의 말이다. 어떤 경우에는 배달 기사가 쫓아오는 단속반을 돌려치기까지 하고는 업소로 직접 배달하는 기사도 있다고 한다. 오토바이 배달을 하면 수익이 어느 정도냐고 물었더니 대다수 배달 기사가 칠팔 백에서 천만 원 가까운 수익을 올린다고 했다. 이러니 너도나도 배달업에 뛰어들었을 것 같았다. 넉살스러운 그의 넋두리를 통해 그나마 겪었던 대한민국의 물렁물렁한 법을 다시 겪은 것 같아 입맛이 영 씁쓸하다.

새벽까지 오토바이 굉음으로 잠을 설쳐야 했던 경우도 많았다. 오토바이 판매상을 운영하는 사람들은 즐거운 비명을 지른다고 했다. IMF 때도 돈 버는 이는 따로 있더니, 코로나 시대에도 눈먼 돈을 주워 담는 사람은 있다. 올바른 사람이 제대로 대접받는 시대가 오기는 올까 싶다.

며칠 전 탔던 승객도 강남뿐 아니라 강북 역시 숨어서 영업하는 곳이 많다고 했던 말이 기억났다. 그때는 일부이겠거니 했는데 오늘 직접 그들을 대하는 오토바이 배달을 전문적으로 한다는 승객의 말을 듣고는 마음이 한참 무거웠다. 물론 오토바이 배달 기사의 말을 전적으로 믿는 건 아니다. 어느 정도의 허세는 첨부되었을 것이라고 본다. 이런저런 세상사를 듣고 보니 내가 참 한심하게 사는 것 같은 생각에 우울해지기도 했다. 정직하게 살라고 자식들에게 늘 말했던 나 같은 아버지를 자식들 눈에는 요즘 세상살이에 뒤처진 꼰대로 보지는 않았을까 싶은 걱정도 든다.

 허울 좋은 법 만들어 놓고 막상 단속 인원이 모자란다고 헛소리하는 게 정책 입안자들이고 위정자들이다. 짧은 내 생각에는 거리 두기 정책을 늦추면서 자체 방역을 자영업자에게 맡기는 것도 괜찮을 것 같은데 이래저래 융통성이 없는 거 같다.

 거리 두기를 집행하는 방역 당국이 마지노선처럼 말하는 저녁 9시가 왜 그렇게 중요한지 궁금해서 이곳저곳을 통해서 자세히 알아봤다. 그 대답은 이러했다. 퇴근 후 1차 회식 카드 결제 시간이 21시경에 몰려있고 2차 회식은 23시경에 카드 결제 시간이 몰려있어서 그 시간을 통제 시간으로 결정했다는 것이다. 들어보니 과하게 틀린 답변은 아니었다. 그렇다면 이런 상황을 국민에게 알려주고 따라줄 것을 호소했다면 많은 국민도 이해하고 따라 주었을 거라고 본다. 일부 공직자 중에는 판단이 늦어 벽창호처럼 답답한 사람도 있는 것 같다. 나도 답답한 사람이지만, 나보다 더 답답한 친구들 많아서 외롭진 않을 것 같아 헛웃음만 나왔다. 70년대 영화 《대부》에서도 갱단은 정부의 금주령 덕분에 자금을 확보해서 세력을 확장하며 사회 전반의 혼란을 일으켰던 상황을 영화로 만들었다. 딱 그 꼴이 된 대한민국이다.

 잘잘못에 대한 과거나 현재의 역사는 미래가 판단할 것이다. 최소한 서로가 소통했으면 좋겠다. 정부나 가정이나 불행의 실마리는 소통 불능이라고 생각한다. 나 역시 십여 년 전부터 가정적으로 소통을 유지하려고 나름은 노력했고 나온 결과를 수정하고 덧붙이고 바꾸어 나가면 더 좋은 결과를 얻을 수 있었기에 난 지금도 실천하고 있다. 가끔 자존감이 상할 때도 있었지만, 더 큰 불행이나 후회는 생기지 않았다.

 난 남은 인생을 부정한 사람이 되는 것보다 부족한 사람으로 살아갈 것이다.

참새의 일상

 새벽길 옷차림이 한결 가벼워졌다. 이 년째로 들어선 코로나19는 변이에 변이를 거듭하지만, 곧 끝이 날 기미가 보이기도 한다. 현실에 더 민감해진 승객들 비위 맞추기도 많이 힘들어졌다. 66만 Km. 계기판에 시선이 꽂혔다. 택시도 나도 비록 늙어가지만, 오늘도 최선을 다해 보자. 차고지에 주야로 늘어선 택시가 주인을 잃고 줄지어 서 있다. 짜증스러운 요즘엔 젊었을 때 친구들이랑 대포 한잔하며 읊조리던 말로 위로받는다. 살자니 고생이요, 죽자니 청춘이라 하지만, 기운 내자고 죽지도 못할 것이라면 이 세상에서 내 앞에 거칠 게 뭐 있겠느냐며 서로에게도 자신에게도 던졌던 위로의 말이었다. 분홍빛 꽃잎이라도 날린 기세의 바람이 분다.

 카카오 호출마저 뜸해졌다. 어쩌다 뜬 호출 화면은 볼 틈도 없이 지워진다. 다른 기사들 손동작이 번갯불처럼 빠르든가 독수리처럼 날쌔게 낚아채 가는 통에 느긋한 난 가끔 뜨는 호출 잡기가 만만치 않다. 라디오에서 흘러나오는 송창식의 〈참새의 하루〉라는 노래를 듣다 보니 내가 노래 가사에 나오는 참새인 게 맞다. 한 시간에 한 승객 태우기도 힘들다. 다른 직업도 그렇겠지만 택시 기사 직업은 인내로 견딤을 키우기에는 딱 좋은 직업이다.

코로나로 승객들은 말이 없어졌고 나 역시 긴 말을 자제하고 있다. 가끔 삶에 지친 젊은이에게 위로 겸 생기를 주고 싶은 마음에 클래식 음악이 나오는 라디오 채널을 틀어놓기도 한다.
"서울역 가시죠? 출장 가시나 봐요. 일찍 가시는 거 보면 오늘 늦게라도 올라오실 모양입니다."
"오후 늦게라도 올라오려 합니다."
"요즘 코로나로 출장도 못 오게 한다면서요. 그런데 출장 가시는 걸 보면 필수 요원이신가 봐요."
승객의 표정은 밝아지고 목소리에 탄력이 붙었다.
"말씀하신 대로 제가 필수 요원 맞네요. 불가피하게 내려갈 수밖에 없어서요. 아저씨 목소리가 경쾌하고 시원시원합니다. 기분이 너무 좋습니다. 안전하게 운행하세요."
"고맙습니다. 좋은 하루 보내세요."

"어서 오세요. 병원 가세요? 서둘지 마시고 천천히 타세요."
"에구구, 기사 양반 내가 몸이 불편해서"
"네, 그러니까 천천히 타시면 됩니다."
"에구, 기사 양반들이 다 아저씨 같으면 좋겠소."
"세상엔 나쁜 사람보다 좋은 사람이 더 많아요."

"기사 양반의 큰 목소리 덕분에 가는귀먹은 내가 잘 들린다오. 고맙소."

그럭저럭 출근 시간도 막바지에 다다르고 있었다. 멀지 않은 곳에서 카카오 호출이 왔다. 일방통행 골목길을 따라가며 지그재그로 목적지에 도착하니 승객이 보이질 않았다. 전화 통화로 연결했다.
"도착했습니다."
"아저씨, 우리는 골목에서 나와 대로변에 서 있는데 왜 골목길로 들어가셨어요?"
호출 장소에 도착한 나에게 도리어 언성을 높여 말했다.
"호출하신 자리에 계셔야지요. 지금 어디 계세요?"

장소를 들어보니 맞은편 도로 쪽에 서 있어서 유턴해야 했다. 멀리 한 바퀴 돌아 모녀 승객 앞에 갈 수 있었다. 모녀 승객은 자기들이 가는 방향이 이쪽이라 골목길이라 걸어 나와 기다렸다고 한다.
"차량을 호출하시면 그 장소에 계셔야 합니다. 지금은 서로 통화가 되어서 금방 태웠지만 잘못하면 서로 헤매게 됩니다."
목적지도 그나마 꼬부랑 골목길이었다.
"도착했습니다. 앞에 보이시는 결제 카드기에 대시면 됩니다."
모녀 승객이 내리고 나서도 카드 영수증이 안 나왔다. 결제가 안 되어서 후진하여 모녀 승객에게 카드 결제가 안 되었다고 말을 건넸다.
"제 카드는 앞에서 긁어야 해요. 아저씨가 카드 뒤에 대라면서요."
중년 여성 승객은 목소리를 높였다. 속으로 부글부글 끓었지만 참을 수밖에 없었다. 핸드폰 위치 추적으로 호출 장소를 찾아가는 시스템이라는 것은 누구나 아는 사실이다. 그리고 카드 결제기도 앞에서 긁어야 하는 경우와 운전석과 조수석 사이에 카드 결제기가 설치되어 있어 그곳에 카드를 대면 결제가 된다. 택시를 타시는 승객이라면 거의 알만한 사실이다. 혹여 일부 사람은 모른다거나 결제가 안 되면 택시 기사에게 자기 의견을 말하면 간단하게 정리가 된다. 얼굴 붉힐 일도 아니다. 이런 정보 자체에 경험이 부족하고 전혀 써보지 않은 사람도 있을 수 있다. 승차도 하차도 힘겨웠던 승객이었다.

채 10분도 안 되었는데 회사 전화번호가 핸드폰에 박혔다. 회사 전화여서 안 받을 수도 없고 택시를 갓길에 붙여 세웠다.
"저 상무입니다. 좀 전에 ○○○에서 모녀 승객 태우셨나요?"
"네."
"아침부터 불친절하게 큰 소리로 말했다는 민원이 들어왔어요. 제가 대신 사과하고 정리했습니다. 조심해서 손님 모시세요."

어이가 없었다. 상무에게 상황을 사실 그대로 설명해도 내 잘못이란다. 상무는 이런 사람도 있고 저런 사람도 있으려니 하면서 운행하라고 한다. 퇴근 시간 때 상무와 자초지종을 이야기해도 웃고 말라는 답변만 한다. 서울시에서는 오롯이 민원인의 말만 듣고 택시회사 또는 기사들 개인에게 징계를 준다고 한다. 특별하게 녹음이라든지 블랙박스로 증거를 제출하지 않으면 이유 없다고 한다. 상황에 대한 잘잘못을 내가 밝혀야 한다고 한다. 언제부터 대한민국 공무원이 원칙대로 움직였는지 지나가는 개가 하품할 일이다. 그러기 위해 소요된 시간과 물질적 피해는 고스란히 택시 기사가 끌어안아야 하니까 아예 포기하고 마는 게 택시 기사의 현실이라는 게 상무의 설명이었다. 우리 사회 여러 곳에서 일어나고 있는 현실이 갑질이라고 한다. 서로가 서로에게 언제든지 얼마든지 갑질하고 당할 수 있는 게 현재 사람 사는 구조다. 자기가 받은 피해 의식을 돈이나 시간을 투자해서 갑질할 수 있는 곳을 찾아 일부러 갑질하며 스트레스를 푼 사람도 있다는 심리학 전문 책에서 읽은 적도 있다.

그녀들은 오래전부터 머릿속에 인식된 택시 기사들에 대한 선입견이 작용했을 수도 있다. 80년대에 내가 병원에 장기 입원했을 때가 있었다. 아내는 아이가 둘이나 있다며 택시 탈 때마다 자주 승차 거부를 당했다고 했다. 난 화가 나서 퇴원 후 바로 승용차를 샀던 기억이 있다. 사람마다 받아들이는 방식이 다르다는 건 인정한다. 모녀가 불편했던 이유로 내 목소리가 커서 위협적이었다는 말이 생각났다. 내 목소리가 큰 건 나도 인정한다. 아내와 긴 대화가 이어지면 두 사람 목소리가 계단 아래 현관까지 들린다고 문을 열고 들어서던 아들이 목소리 좀 낮춰서 말하라고 핀잔을 준 적이 많다. 우리 집은 비밀이 없는 집이라고 아들은 웃어넘기기도 했었다. 사실 아내는 30년 전부터 한쪽 귀가 잘 안 들린다. 나 역시 오른쪽 귀가 언제부턴가 잘 안 들린다. 그래서 목소리 톤이 높아졌다. 그녀들이 들었을 때는 위협적일 수도 있겠다는 생각도 들었다.

60년 동안 큰 목소리로 살아왔는데 이젠 자근자근한 목소리로 바꿔서 손자들 이름을 부르고 이야기를 나눈다면 자상한 할아버지 소리를 들을 수 있을 것 같다. 내게 큰 숙제가 하나 생겼다.

이 세상에는 많은 사람이 사는 만큼 방식도, 언행도, 생각도 다 다르다. 풀이 꽃으로, 꽃이 풀로 보이는 사람도 있다는 사실을 깨달으면서 참새처럼 오늘도 부지런히 날갯짓하며 재 너머 낱알이나 찾아보련다.

작은 연못
우리나라

　몇 년 전에 한창 유행이던 어느 노래 가사처럼 요즘은 백 세 시대라는 말을 당연하다는 듯이 여긴다. 우리 아버지 시대엔 인생 한 갑자 사셨다면서 웬만하면 환갑잔치를 했다. 요즘 이런 말을 하면 사람들 눈빛이 이상해진다. 아버지는 20여 년 병마에 시달리시다가 65세에 돌아가셨다. 당신이 중병을 앓으면 환갑잔치를 하지 않는다는 속설이 있다고, 칠순 때 잔치하자며 평상시 때 생일로 대신했다. 내가 이제 그 나이가 되어서야 아버지 환갑잔치를 못해 드린 게 죄가 되어 가슴을 억누른다. 자신 간수조차 못 했던 아버지는 나처럼은 살지 말라는 뜻으로 내 인생의 답안지를 주려고 그리 아프셨는지도 모른다. 아버지가 떠나신 후로 성공과 명예보다는 건강을 최우선 과제로 삼아 살아왔던 나였지만, 그렇다고 건강을 잘 지켜내지도 못했다. 세상에서 가장 어려운 게 금연과 매일 운동하는 거라고 어느 승객은 말했다.

2000년도 이전엔 아흔 넘은 어른이 승객으로 타시는 경우가 1년에 한두 번 그것도 옆에 보조하는 이가 있어 함께 승차했었다. 20여 년이 지난 현실은 아흔 살이 넘은 어른들이 홀로 택시를 이용하는 경우가 잦아졌다. 한 달 동안에 평균적으로 서너 분은 타신다. 진짜 백 세 시대라고 불러도 되겠다는 말을 피부로 느끼고 있다.

"서두르지 마시고 천천히 타세요."
"고맙소, 기사 양반 내 나이가 몇으로 보이나요?"
　나이 젊게 대답하는 요령이야 당연하지만, 요즘 승객의 나이 맞추기가 사실은 만만치 않다. 틀리는 경우가 대다수다.

　통계청 결과를 보면 2025년쯤이면 인구 비율의 20%가 만 65세 이상인 초고령화 사회가 된다고 한다. 나 역시 거기에 속한 사람이 될 것이다. 우리나라가 늙어가고 있다는 게 부쩍 실감이 오는 통계 수치다. 의료 기기나 기술의 발달에 따라 의료 체계가 확실하게 자리 잡았고 먹고사는 수준이 향상됨에 따라 인간의 수명이 늘어 가는 건 자유스럽고 축복받을만하다. 세계 최저의 저출산 문제와 맞물린 우리나라는 26년밖에 걸리지 않는 초고속으로 초고령화 사회가 되는 심각한 문제 앞에 서 있다는 뉴스를 자주 접한다. 전 세계 200여 개 나라를 대상으로 출산율을 조사한 결과에 우리나라가 200위라는 뉴스도 봤다. 우리 정부나 개인들도 준비할 시간이 턱없이 부족하다는 그 느낌을 안다. 가장 큰 문제는 국민이 늙어 가는 속도를 나라가 따라가지 못하는 데 문제가 있다. 정부뿐 아니라, 사회적 책임도 따라가야 못하고 있다고 본다. 어느 한쪽으로 치우치지 않는 수익의 분배와 사회 환원이 필요한 시기가 다가왔고 거기에 따르는 공평함이 필요한 시대가 되었다. 자칫 방치하면 이만큼 이룬 사회 환경이 극한 상황이 올 수도 있다는 전문가들의 갑론을박 토론도 들어봤다.

라디오에서 1970년대 김민기 곡이라며 〈작은 연못〉이라는 노래가 흘러나왔다. 가수 양희은도 부르던 노래였다. 작은 연못 안에 평화롭던 붕어 두 마리가 싸우다 죽어 작은 연못은 더러운 물만 고이고 아무것도 살지 않는다는 가사가 내 가슴을 호되게 두들긴다. 대한민국이 한마음이 되어도 모자랄 판에 왜 이리 시끄러운지 옛적 삼국시대가 차라리 더 좋을 것 같은 요즘이다.

몇 년 전 결혼한 작은 아이도 애는 빨리 낳고 키우는 게 너희 인생에 좋다는 우리 부부의 말에 자기들이 알아서 결정할 일이라며 들은 척도 안 했었다. 자기들 인생 즐기고 살겠다는데 할 말이 없었다. 작은아들 부부는 결혼 4년 차에 접어든 2022년 7월에 예쁜 딸을 낳았다. 자식 낳은 작은아들 부부의 언행이 벌써 부모답게 바뀌었다는 걸 피부로 느꼈다.

친구들이 손자 봐주면서 섣부르게 손자 교육에 관심 두지 말라는 말이 실감한다. 그렇다. 늙어 가는 내 몸뚱어리 간수도 힘든데 자식들 일마다 콩 나와라, 팥 나와라 간섭할 이유가 없다는 게 친구들 다수의 의견이다. 우리도 어느 순간 복합적인 원인으로 인해 빈곤층으로 내몰릴 수도 있다면서 환기를 시켜주는 말이다. 실제로 우리 젊었을 때보다는 훨씬 빠르게 변하는 산업 사회에 대하여 젊은이들도 내동댕이쳐지고 있는 게 현실이다. 택시를 운행하다 보면 출퇴근 때 승객들이 도심으로 몰려왔다 외곽으로 빠져나가는 게 현실이다. 도심 시내 한복판은 공동화가 되었다. 또한 외곽까지의 전철과 GTX의 건설도 도심 공동화를 한몫할 것이다.

귀촌, 귀농, 귀어의 길을 선택한 친구들 이야기는 농촌 공동화가 상당히 진척되었다고 한다. 재작년에 한 친구가 아무런 의미도 없는 충북 괴산에 정착했다. 대지 130평 정도에 집만 있고 농지는 전혀 없는데도 불구하고 내려갔다. 그곳도 대부분 외지인이라고 한다. 귀농도 귀촌도 아닌 무작정 나선 길이 조금은 걱정스럽다. 나이 60이 넘어서는 귀농은 좋지 않다는 말을 들었기 때문이다. 초등학교조차 없는 곳이 많아졌고 제법 그렇다는 도심지까지는 30분 정도 차로 나가야 한다고 했다.

그렇다고 무조건 귀농이 좋고 나쁘다는 건 아니다. 승객 중에는 귀촌이나 귀농에 대해 철저하게 배수진을 치는 이들이 이유인즉 가장 큰 문제는 병원이다. 생활의 불편함과 자식들과 멀어지는 것도 싫다고 한다. 가끔 들리는 농촌에서의 텃세가 싫다는 이도 있다. 자식의 취업과 결혼 그리고 거주지 문제가 가장 취약하고 난감한 문제로 꼽혔다. 그렇다고 자신이 가진 모든 걸 냉큼 내놓을 수도 없다는 게 대다수의 답이었다.

 암튼 늙어 가는 게 그리 쉽진 않을 모양새다. 떼려야 뗄 수 없는 초고령화 사회와 결혼과 출산율이 급격히 떨어지다 보니 정부나 사회적으로 정책이 보장되고, 적극적이어야 한다는 게 전문가들의 의견이다. 자꾸 듣고 보고 있을 때가 아니다. 일본을 따라간다고 하는 이도 있다. 도대체 왜 남의 나라랑 비교하는지 모르겠다. 대한민국이 급하고 바쁜데 쓸데없는 생각에 마음을 뺏기는지 한심스럽기도 하다. 사람 가리지 말고 머리를 맞대고 해결책을 찾고 대안을 연구해야지 꼭 네 탓이나 조상 탓하는 인간들은 어디든 꼭 있다. 비교하고 탓도 하지 않고 사는 나라가 언제쯤이나 되려나 싶다.

 바보 멍청이처럼 때를 놓치면 우리가 사는 작은 연못은 더러운 물만 고이게 되고 결국 그곳엔 아무것도 살지 않을 것이 뻔하지 않겠는가, 때를 놓치는 하잘것없는 이유로 대한민국이 쓰러질 수 있기 때문이다. 정말이지 정신 차려라.

사랑은 먼저 주는 것

서둘러 핀 장미꽃이 붉게 펴지면서 나래를 편다. 계절이 앞서가니 꽃도 따라가기 힘든 모양인지, 꽃잎이 그리 화려하지 않은 것 같다. 한참 극성인 코로나가 범람하여 봐줄 이가 확 줄어든 시기에 꽃들이라고 뭐가 자랑하고 싶어 예쁘게 피겠는가, 어쨌든 피곤한 내 눈에는 그래도 화려한 꽃들이 부럽기만 하다.

출근을 서두르는 사람들 표정은 딱딱하게 굳어 있다. 화창한 날씨에 웃으면 보기도 좋을 텐데 세상이 말세인 것처럼 그늘진 얼굴이 되레 보기 싫다. 때마침 인도를 걷던 내 나이 또래 비슷한 부부가 택시에 탄다.

"영등포 시장 근처 부탁드립니다. 남들은 바삐 출근하는데 우리는 퇴근하네."

"네. 이제 끝나셨나 봐요."

"아네요. 아까 6시쯤에 와서 건강 진단 받았습니다. 시작부터 끝날 때까지 세 시간 정도 걸리는 것 같습니다."

"갑자기 큰일 치를 수도 있는 나이입니다. 건강 진단은 매년 꼭 받으세요."

"기사 아저씨는 자식들 다 결혼시키셨어요?"

"저요. 아들 둘인데 다 보냈습니다."

"아이고, 아저씨 인생 성공하셨네요. 저희는 아들 하나에 딸 둘인데 결혼 생각은 아예 하지도 않습니다."

"전 큰아이한테 손자가 둘 있는데 올여름에 손녀가 태어나면 작은아들도 아빠가 됩니다."

"축하해요. 여자는 딸이 있어야 해요. 우리 신랑이 잘하기는 해도 가끔 속상할 때가 있죠. 그때 딸이 나서서 내가 하고 싶은 말 남편에게 대신 다 해줘요."

"전 아들만 있어 가끔 아내가 안쓰러워 보일 때가 있어요. 제가 더 잘하려고 하는데 쉽진 않네요."

"시대가 바뀌어 남자들이 제법 잘하는 편이잖아요. 그래도 핏줄은 따로 있더라고요. 죽었다 깨어나도 안 하는 사람은 진짜 안 해요."

"여사님이 아저씨 들으시라고 한바탕 쏘아붙이시는 것 같네요."

"저도 사십여 년 살아보니까, 지금은 부부밖에 없는 것 같아요. 밥 세 끼 얻어먹으려면 지금부터라도 말 잘 듣고 시키는 대로 꼬박꼬박 하라고 아내가 말하더라고요."

서로가 서로에게 잘하자고 티격태격하는 부부 승객과 난 한참을 웃었다. 부부가 함께 늙어가면서 서로의 눈만 봐도 알아차릴 수 있다는 것은 그만큼 사랑한다는 뜻이기도 하다. 넓은 바다 같은 세상에서 작은 배에 함께 탄 게 부부라고 했다. 둘 중에 누구라도 일어서 거나 한쪽으로 쏠리면 배는 뒤집힌다. 풍랑도 고요함도 함께 견디고 여기까지 왔을 것이다. 슬며시 웃음이 나왔다. 그리고 고개가 끄덕 여진다. 서로 모른 척하다가도 이내 부부는 같은 길을 걷고 있다. 서로 다른 환경과 방식으로 살다가 서로 부부의 인연을 맺으면 안 보이면 보고 싶고 없으면 못 살 것 같은 귀한 존재가 된다. 부부란 잴 수 없는 무게가 있고 거미줄처럼 끈끈하게 붙어 사는 것이라고 말하고 싶다. 서로에게 인내하며 사는 게 행복의 진리 같다.

부부 승객이 내리고 나서 양어머니가 하신 말이 번쩍 생각났다. 양어머니는 총각김치를 가끔 담아주셨다. 평상시에는 총각김치를 만들면서 웬만한 이파리는 싫다면서 다 잘라내고 하셨다. 여느 때와 마찬가지로 총각김치를 담았으니 갖고 가라는 전화가 왔다. 집에 돌아와 김치통을 열고 보니 이파리가 거의 그대로 있었다. 양어머니께 전화해서 왜 이파리를 많이 남겼냐고 했더니 며느리가 이파리 좋아한다는 걸 아시고 며느리 입에 맞게 담았다고 하셨다. 당신이 살아서 며느리한테 잘해주고 가야 내 아들한테도 잘해 줄 것 아니냐고 하셨다. 사랑하는 방법을 또 하나 배웠다.

얼마 전이었다. 승객의 짐이 많아 골목길을 들어갈 수밖에 없었다. 빈 차로 돌려 나오는데 옆 골목 20M 정도에서 연로하신 부부가 걸어 나오시다 지팡이를 흔드셨다. 택시가 필요하신 것 같아 세웠다. 걸어 나오길 기다리며 두 분을 바라보았다. 희끗희끗한 머리숱부터

키까지 비슷한 두 분이셨다. 어린아이들이 손을 잡고 종종걸음으로 발맞추어 나오는 모습이 유치원생 걸음걸이였다.

"고맙소이다. 기사 양반"

"괜찮습니다. 어르신 어디 가세요."

"성동 구청 들어가는 근처인데 내가 그 근처에 가면 가르쳐주리다."

"네, 알겠습니다."

병원이 있는 건물 앞에 최대한 가깝게 택시를 세웠다. 두 분은 힘겨운 걸음이지만, 두 손을 꼭 잡고 걷는다. 족히 아흔 살은 되신 것 같다. 깔끔하게 입은 옷차림은 손이 많이 간 듯 보였다. 혼자 산 세월보다 두 분이 함께 살아온 세월이 갑절은 넘었을 것이다.

젊음은 사랑을 서두른다. 사랑도 꽃처럼 피고 열매도 맺는다. 정성이 필요하고 적당한 적응도 필요하다. 가정의 위기가 몇 차례 있었는데, 인내와 노력이 필요했으며 나보다는 아내가 더 지혜로웠다. 남자는 짧게 여자는 길게 인생을 설계한다고 했다. 세상을 접하는 방식에 따라 이성관이나 결혼관이 결정된다고 본다. 20~30대 싱글들의 이성관에 대한 조사 결과를 보면 약 28%가 혼자 살 거라고 답했다는 건 번잡한 삶이 싫다는 것일지도 모른다. 짧은 시간에 변한 세대에 미처 준비도 못 한 상황에 우리 세대는 당연히 혼란스럽다. 부모는 자기가 살아온 세월을 자식에게 물려주고 싶지 않다고 한다. 부모 세대는 자기 잘못된 걸 고쳐서 자녀에게 본을 보이고 실행해야만 자녀들도 따라 배우는데, 부모가 자신의 고집대로 변함없이 산다면 자녀 교육은 방치되고 결국 자녀도 부모와 똑같은 방식의 삶을 살아가고 있는 걸 주변에서 종종 목격한다. 사랑은 먼저 주는 것이라는 찬성한다.

'내가 사랑하는 사람이 날 사랑해 준다는 건 정말 큰 행운이죠.'라는 오래전에 방영된 드라마에서 듣고 공감했던 말이다. 코로나가 끝나고 일상으로 돌아온다면 지구에 어떠한 것도 사랑이라 칭하며 고귀하다고 여겨야 할 것이다. 그만큼 사랑엔 장벽이 없을 것이다. 사랑 종류는 다양하지만, 난 살아가는 자체가 다 사랑이라고 생각한다.

사람을 위한 사랑도 중요하지만, 지구촌에 살아가는 모든 생명체를 사랑한다는 게 쉽진 않겠지만 사람들은 지구를 사랑해야 한다. 그래야 살아남을 수 있다. 사랑은 받는 게 아니라 먼저 주는 거라는 말해 주고 싶다.

부끄러운 자유

반가우면서도 썩 반갑지 않은 뉴스였다. 코로나가 전 세계적 유행으로서의 끝이 아니라, 아예 고질적인 풍토병으로 정착할 거라는 소식은 땀 흘린 뒤에 끈적거림처럼 말끔하질 않다.

2020년 10월 13일부터 마스크를 법적으로 착용했었다. 정부가 2022년 4월 18일부터 일부 요건은 빼고 시간과 인원 제한을 해제했다. 또한 다음 달 5월 2일 월요일부터 실외 마스크 착용 의무를 566일 만에 해제하겠다고 발표했다.

2019년 11월 중국 우한에서 코로나가 발병하면서 2020년 1월부터는 전 세계적으로 퍼져나갔다. 우리나라에서 2020년 1월 20일 신종 코로나바이러스 감염증 즉 코로나로 인한 사망자가 처음 발생하면서 중국 이외 사망자가 나온 일곱 번째 국가가 되기도 했다. 3월에 세계보건기구에서는 코로나를 범유행 전염병으로 지정했다. 코로나 변이로 인해 2020년 4월부터 코로나가 장기화하면서 온라인이나 사회 일상이 많이 변화되었고 이전 삶과 달라진다는 예측도 많이 나왔었다.

  특히 소상공인이나 청년 취업 전선이 큰 파도에 휩싸였다. 마스크 대란이 잠깐 있었고 예방 접종에 대한 불신이 깊었다. 택시 업계도 오토바이 배달이나 대리 기사로 이직하거나 나이 들면서 아예 그만둔 사람도 있었다. 마치 쓰나미가 쓸려가고 남겨진 사람들 마음마저 훑어간 코로나였다. 난 카카오 택시를 운행하면서 예전과 같은 생활을 겨우 유지할 수 있었다.

  인원 제한과 시간이 풀린 첫 주의 새벽 길거리는 밝았다. 힘이 들어가고 훨씬 밝아진 사람들 목소리가 들린다. 시동을 켜자 바로 카카오 호출 배차를 받았다.
"사장님, 들어가겠습니다."
청년은 중년 여성에게 인사를 하며 택시 문을 열었다.
"이제야 끝났나 봐요. 손님은 많았어요."
"네, 많았어요. 전 아르바이트합니다. 밤새 정신없었네요."
"고생 많았네요. 삼삼오오 손님이 많았었나 봅니다."
"이 년 이상을 시간제한으로 빨리 마시면서 자리를 끝내다 보니 술 마시는 속도가 빨라졌잖아요. 그게 몸에 밴 손님은 술 마시는 속도도 빠르고 빨리 취해서 금방 일어나네요."
"그건 그러겠네요. 어느 정도 습관이 되었을 테니까, 일상 전환되기가 쉽지는 않겠네요."

"제가 봐도 족히 두어 달은 그럴 것 같아요."
"도착했습니다. 푹 쉬세요."
"고맙습니다. 고생하세요."

승차하면서 들었던 사장과 직원의 목소리는 흥겨움이 묻어났다. 직원을 보내는 사장의 목소리엔 힘이 실리고 만족감도 담겨 있었다. 아르바이트 청년의 목소리도 당당했다.

카카오 호출 배차가 바로 떨어졌다.
"어서 오세요."
"한잔하셨네요. 시간제한이 풀려서 느긋하게 들어가시네요."
"네. 진짜 오랜만에 친구들 만났네요. 너무 먹어 자다 깨서 가는 중입니다."
"업소마다 손님이 많나 봐요."
"어느 집은 아르바이트 하는 사람을 못 구해서 손님이 술도 직접 가져다 먹어야 했네요. 사장님이 아르바이트하는 사람을 못 구했대요."
"그래도 돌고 돌아가니까, 보기는 좋네요."
"맞아요. 이제 사람 사는 맛이 나는 것 같아요."

사람은 사람에게 기대고 살아야 한다. 서둘지 말고 서서히 일상으로 돌아갔으면 좋겠다. 월요일부터 토요일까지 새벽길 승객은 예전에 비해 많아졌고 도로에서 택시 잡는 승객도 많아졌다. 새벽에 운행하는 차량도 더 많아진 것 같다. 그렇게 한 주가 넘어갔다.

대학로에도 어제가 일요일이라 그런지 새벽 시간임에도 대학생이거나 젊은 직장인들이 제법 붐빈다.

"아저씨, 진짜 택시 잡기 힘드네요. 고맙습니다."

"저야, 승객의 호출로 배차 받고 오는 건데요. 이제 집에 들어가는가 봐요."

"그동안 못 만났던 친구들 만났어요. 그러다 보니 늦었네요."

"굉장히 반가웠겠네요. 세 분 다 같은 목적지에서 내리나요."

"아뇨, 죄송하지만, 택시 잡기가 힘들어서 비슷한 지역끼리 탔어요. 가시면서 한 사람씩 내려주셨으면 합니다. 진짜 감사합니다."

"네, 알겠습니다. 내릴 곳 미리 말하세요."

청년 셋의 대회가 끊어지질 않는다. 비대면이 아닌 대면의 대화는 쌓인 만큼 길어질 수밖에 없는 게 사실이니까.

인원과 시간제한이 풀리면서 많은 이들이 지구 환경 훼손을 이유로 죄수 아닌 죄수로 육체적이나 정신적으로 제재를 받다가 풀려났다. 자유를 만끽한 만큼 지구 환경을 위해 오염 물질 방류나 동식물의 마구잡이식 훼손을 하지 말아야 한다. 특히 사람들이 먹고 남은 음식물 쓰레기가 가장 큰 골칫거리라고 한다. 식당이든지 집 안에서도 음식량은 먹을 만치 덜어 먹는 것도 지켜야 한다. 간혹 식당에서 보는 몰지각한 행위로 눈살을 찌푸릴 때가 간혹 있다. 우리 집에선 음식물 쓰레기는 명절 외는 나오질 않는다. 아내가 적정량에 맞추어 음식 조리를 하기 때문이다. 우리나라는 물 부족 국가이다. 돈 내고 쓴다고 공공시설이나 사우나에서 물을 쓰고 잠그지 않는 예의 없는 사람을 자주 보며 나는 쫓아다니며 잠그기를 이어간다. 이러한 것 모두 공공질서에서 아주 기본적인 행위 자체이다. 코로나19로 인해 우리가 누렸던 꿈에서 깨어났으면 좋겠다. 코로나19 이전 사람이 아닌 훨씬 언행이 아름다운 사람으로 완전하게 준비한 다음 우리는 일상으로 돌아가야 한다.

지구촌은 말 그대로 모여 사는 가족들이다. 지구촌의 빙하가 녹아 내리고 수백 년 된 시체가 나타났다는 뉴스를 봤다. 더 좁은 대한민국은 서로가 한솥밥 먹는 식구 같은 존재다. 위정자와 사회 지도층도 낯간지러운 가면을 이번 기회에 벗어 던져야 한다. 인류의 역사를 보더라도 전 세계를 휩쓴 전염병이 끝나고 나면 정치와 문화 여러 분야에서 변화가 찾아온다는 이력이 있다. 지금이 바로 변화의 시대다. 우리가 자의적으로 변하지 않으면 강제적 변화가 뒤따라온다는 것은 역사를 보더라도 뻔한 이치다. 사람보다 돈이 우선이라는 인간성을 포기한 자들도 결국은 세상에서 살다가는 한낱 나그네일 뿐이다. 빛에 가려진 이들 또한 부끄러운 자유를 외치지 말라. 1+1의 공식은 변함없다. 모두 자유를 잃어봤다. 겪은 걸 잊어버리면 더 힘든 일이 우리 앞에 닥칠 것은 안 봐도 뻔하지 않은가, 더 이상 부끄러운 짓을 그만하고 사욕을 버리자.

이렇게 우리는 부끄러운 자유를 얻었다. 한마음 한뜻으로 지구촌은 소중하다는 걸 알게 되는 소중한 계기가 되어야 한다. 자연과 동고동락하며 서로를 위하고 아끼면서 살아가야 한다는 걸 몸소 체험

했으니 실행에 옮기는 거 외는 방법이 없다. 심각한 변화가 필요하고 그 변화를 늦출 시간마저도 촉박하다는 사실이 진짜 엄중한 사실임을 우리는 알아야 한다.

범
내려왔다.

    태명을 이백억이라고 부르고 우리 집안 내력으로 치면 거의 백 년 만에 여자아이가 7월 후덥지근한 날씨에 태어났다. 이 정도 갖고 뭐가 즐겁냐고 할 것이다. 아내와 두 며느리 다 호랑이, 즉 범띠다. 7월에 태어난 손녀도 흑호랑이 띠다. 다시 말해 가족 중에 여성은 다 호랑이띠이며 각성바지이기도 하다. 반대로 집안 남자들은 띠가 다 다르다. 더 재밌는 사실은 큰아들네 큰손자와 이번에 태어난 손녀가 7월 8일로 생일도 같다. 큰며느리는 9일이 생일이다. 내 생일도 음력으로 6월이라 양력이면 7월에 생일이어서 매년 4명의 생일이 옹기종기 모이게 되었다. 가을엔 나머지 식구들의 생일 날짜도 거의 비슷하게 몰려있다. 신기하게도 우리 집뿐 아니라, 다른 대다수 가정에도 집안 행사 날짜가 비슷하다고 한다. 우리 집처럼 유난히 재미있는 내력이 있는 집안도 별로 없을 것이다.

    한여름 먹구름은 극성을 부리듯 폭우를 쏟아붓고는 횡하니 가버리면 뜨거운 열기는 기다렸다는 듯이 온몸을 달군다. 그러거나 말거나 마음은 가을 하늘 새털구름처럼 가볍다. 며느리와 손녀는 산후 몸조리를 위해 3주간 머물렀던 산후조리원에서 퇴원했다. 며칠이 지난 오늘 손녀와 첫 대면을 하는 날이다. 괜스레 심장이 콩닥콩닥 뛰기도 했다. 귀한 손녀에게 할아버지와의 첫 대면 선물로 축복 기도는 꼭 해줘야겠다는 다짐에 핸들이 손에 꽉 쥐어졌다.

거의 십 년 만에 본 아기 모습에 눈에 넣어도 안 아프다는 말이 새삼 실감 난다. 세상 티끌 하나 묻지 않은 하얀 피부는 만지면 금방이라도 터질 것 같아 손이 선뜻 가질 못했다. 이따금 싱긋 웃으며 배냇짓으로 잠든 손녀 모습에 심장마저 콩콩 뛰었다. 오래전에 안았던 묵직한 손자보다 먹는 것도 잘 먹는다는 손녀를 안았을 때의 몸무게는 가벼웠고 몸매도 가냘프다. 손녀야 범타고 내려왔으니, 네 맘껏 호령하고 다니거라. 건강하게만 자라다오. 코로나가 또 극성을 부리니 밥 한술 뜨고 손녀와 또 보자며 약속하고 서둘러 일어섰다.

툭 던져진 듯한 내 나이 64세 하나둘 셋 넷 이렇게 한참 세어볼 숫자다. 뜨거운 달에 태어났기에 그만큼 뜨겁게 살아왔는가도 모른다. 아내를 만나 일찍 결혼하고 두 아들 낳고 열심히 살고 고생하다 보니 도착할 목적지에 거의 다 와 가는 것 같다. 이제는 얻는 것보다 줄어들 게 많고, 걸어온 길보다 걸어갈 길이 짧은 나이에 들어섰다. 처음에는 알게 모르게 줄어들다가 차츰 눈에 띄게 하나씩 줄어들 게 안 봐도 뻔하다. 늙기는 늙었는지 올해 들어서는 밥알이 입에서 떨어져 옷에 묻기도 하며 하려던 말도 침 삼키듯이 잊고 있다가 한참 후에 생각나기도 한다. 이런 나에게 아내는 누구나 당연하게 그러면서 늙어 가는 거야 별스럽게 유난을 떤다고 핀잔을 주기도 한다. 그래도 명색이 집안의 가장이기에 드러내고 말할 수 없는 걱정도 있다. 노후 준비가 부족한 우리 부부에게는 늙어갈수록 한 푼마저 아쉬울 날이 올 것이 걱정이다. 최소한 자식에게 손을 내밀지는 말아야 한다는 게 부부의 생각이다. 솔직히 육십이란 나이가 문제가 아니고 사회에서 물러나는 게 더 걱정스럽기 때문이다. 택시 기사는 정년퇴직 후 정규직에서 촉탁직으로 전환된다. 1년마다 재계약해야 하는 것이고 수익성이 줄어들기 때문이다. 고생한 만큼의 위험한 만큼의 소득이 줄어드는 게 걱정스럽다.

뉴스에서는 택시 기사 부족으로 난리도 이런 난리가 없다는데 회사나 정부에서는 최저 임금제 혜택도 못 받는 택시 기사에게 인색하기 짝이 없다. 할 말이 없으면 법이 없다고 하고 법이 있으면 빠져나갈 궁리만 한다. 여의도 국회는 철없는 애들처럼 싸우면서 세월 보내도 다달이 월급은 꼬박꼬박 챙기고 있다. 위정자들은 툭하면 국민을 위한다는 입에 침 발린 소리도 이젠 듣기도 싫지만, 거짓말로 위장한 능수능란한 사기꾼에 가까운 그들은 자신만의 잣대로 국민을 우롱하는 모습이 역겹기까지 하다. 뉴스를 보다가도 위정자들이 나오면 채널을 돌린다. 차라리 헛웃음 날리는 코믹 프로가 훨씬 낫다. 뉴스에서는 배달이나 대리 기사 하려고 많은 택시 기사가 빠져나갔다고 하는 진짜 내막을 전혀 모르는 기사를 쓰고 있다. 언론 자체가 몇몇 사람들 이야기로 전 국민이 아는 뉴스로 내보내는 걸 보니 한심스럽다. 정작 택시 요금을 시대에 맞게 현실화하고 현실 생활에 맞는 월급제가 되어야 근무할 사람도 있을 것인데 해결할 문제를 찾지 않고 그저 그렇다고 하면서 서로의 눈치만 보고 반응만 떠보는 식이다.

하긴 이런 말이 통할 날도 멀지 않았다. 중국은 3km에 440원에 무인 택시가 달리고 있다고 한다. 일반도로를 달리는 중국의 무인 자율주행 택시는 누적 데이터 3,200만 km이며 한국보다 4,300배로 앞섰다고 한다. 택시를 호출하면 핸드폰 번호 끝자리 입력으로 신원 확인 다음에 차량의 안전벨트 착용 후 출발 버튼을 누르면 목적지로 향하고, 도착 후 도착이라는 이미지가 나타난다. 3.5km 정도 이동하는 데 지불한 택시비는 단돈 2.27위안, 우리 돈으로 440원을 받는다. 원래 택시비가 22.72위안, 우리 돈으로 4,400원인 요금에서 20.45위안 우리, 돈으로 4,000원 정도를 할인받았다고 한다. 택시비는 앱 내에서 알리페이, 위챗페이 등 간편 결제를 통해 지불된다고 한다. 중국에서는 이런 무인 택시가 일상에서 보편화될 전망이다. 이에 비해 한국은 누적 주행 거리가 올해 1월 기준 72만 km에 그쳐 데이터 축적 면에서 격차가 매년 벌어지고 있다고 한다. 대한민국에서도 곧 시작할 거라는 뉴스가 들리긴 한다.

버스 기사인 친구 역시 정년퇴직 후에 정규직에서 촉탁직으로 전환되었다고 한다. 그나마 사고가 없어야 하며, 버스 회사 사무실이나 노동조합에 얼굴을 익혀야 한다는 넋두리를 들은 적이 있다. 또

한 월급 액수도 촉탁직 연수에 비례해서 줄어드는 건 당연하다면서 긴 한숨이 내쉬었다. 지지고 볶으며 살아왔는데 이만큼까지 왔으면 우리 능력으로는 대단하다며 자축하며 친구랑 한참을 웃었었다. 가족이 늘면서 팬한 생각이 머릿속을 채웠다.

바깥 풍경을 보는지, 한동안 말이 없던 아내는
"여보, 이제까지 우리 잘살아온 거 맞지?" 불쑥 물어왔다. 얼떨결에 나온 내 대답은 그럼 우리 열심히 잘 살아왔지, 그뿐이었고 두 사람 다 말이 끊겼다. 식구가 늘면 걱정도 따라 늘어난다는 말이 있는데 내가 본 작은아들 얼굴은 벌써 변해 있었다. 아내는 작은아들 내외가 이제야 어른이 된 기분이 드는 모양이다. 아내 얼굴에 살짝 미소가 머물다 간다.

아내는 바다 같은 지혜로움으로 사고뭉치 남편을 가슴에 품은 여인이다. 내 핸드폰에서 아내의 닉네임은 내 최선이다. 말 그대로 세상에 태어나 내가 최고로 잘 선택한 건 아내와 결혼한 것이다. 고맙고, 사랑합니다. 남은 길 그저 두 손 꽉 잡고 걸어갔으면 참 좋겠다.

택시와의 동행

정말 알 수 없는 게 사람 사는 거라는 말을 허투루 들었는데 살아보니 그 말이 정답이었다. 허리춤 잔뜩 졸라맸던 어렸을 땐 그렇다 치더라도 일찌감치 사회에 발 디디고 나서 수십 년 눈칫밥에 닳고 닳아 바늘로 찔러도 피 한 방울 날 것 같지 않던 나였다. 그놈의 정이 뭐라고 지금도 기억나는 징그러운 정 때문에 허락받은 내 인생 중에서 가장 좋은 시간인 30~40대를 IMF라는 질퍽한 늪에 빠져 한동안 헤어나질 못했던 기억이 남아 있다.

말수가 적어지고 사람 만나기를 꺼리다가 결국 현실 도피를 몇 번 실행하기도 했다. 변하는 시대를 따라가지 못한 내가 원망스러워 속울음으로 씹고 삼켜야 했었다. 그 그늘에서 발버둥 치며 빠져나올 수 있었던 건 현실을 솔직하게 받아들이고 묵묵히 버텨주었던 아내와 자식이었다. 몇몇 지인의 도움을 받으며 과거를 지워야 살 수 있다는 생각에 내 마음의 갈등을 풀어야 했다. 자수성가했다는 나만의 자신감을 찾아가고 있을 때 주변에서 권유한 직업이 택시 기사였다.

쉽지 않은 용기와 결단이 필요한 이유는 다시 시작한다는 게 쉬운 말 같지만, 내게 묶여있던 생각의 전환이 필요했고 그에 따른 행동이 필요했다. 잠시만 하겠다던 택시와의 동행은 그만두었다가는 다시 시작하는 의미 없는 일상이 이어지며 택시 운전도 이어졌다. 나쁜 일은 연거푸 생긴다더니 택시 기사 3년 되던 해에 오른쪽 무릎 연골이 깨져 수술도 받았다. 돈이 전부라는 욕심에 하루 18시간 근무하면서 잘 익은 파김치처럼 늘어졌던 월차 차량 운행도 5년을 했다. 그리고는 오롯이 야간 근무만 십 년이 넘도록 하면서 야간형 인간이 되었다. 척추측만증으로 불과 5m도 못 걸었던 3년이라는 세월을 미련스럽게 운동을 병행하면서 근무했다. 내가 처한 현실에 아픈 정도는 돌아볼 가치조차 없었다. 오롯이 밤하늘만 보고 달리면서 승객 숫자에 따라 손에 쥔 돈이 나의 전부였다. 힘은 들고 기운이 빠진 매일 똑같지 않은 날의 연속일 뿐이었다.

   세월이 약이라더니 살림살이도 조금씩 회복되고 있었다. 썩 반갑지 않았던 택시 기사라는 직업을 통해 가정은 점차 평안해지고, 빚도 조금씩 정리되고 있었고, 크진 않지만 내 집을 살 수 있었다. 그 재미에 세월 가는 줄 모르고 일하다 보니 15년이 훌쩍 지나고 오십 대 중반에 들어섰다. 남자의 마지막 직업이 택시 기사라는 말이 무색하게 요즘은 40~50대의 취업 상담도 많이 늘었다는 택시 배차실의 말도 들린다. 사회의 빠른 변화는 택시 업계에 바로 전달될 정도로 밀접한 관계다. 경제가 어려울수록 취업 상담이 늘어난다고 한다. 인생에서의 결정적 고비를 겪으면 평범과 비범도 종이 한 장 차이라는 말에 고개가 끄덕이게 된다. 사는 게 평안해지고 여유가 생기니까, 눈으로 상하좌우를 보고 쫑긋 세워진 귀를 통해 세상 이야기는 더 많이 들렸다. 머릿속의 많은 생각은 컵을 가득 채운 물처럼 흘러넘치려고 찰랑거린다. 택시 기사라는 직업에 몸에는 고통이 쌓여도 내 즐거움으로 받아들여야 하는 건, 무슨 일에도 이유와 변명은 다 있을 것이기 때문이다. 택시 승객이 탔다가 내리기로 반복된 일상에서 승객이 건넨 사람 사는 이야기와 가슴에 묻어둔 진심을 주고받으며 주변의 소박한 이야기는 살아 있는 가치와 기쁨을 느끼게 해 주었고 활력도 건네주었다. 일반적으로 세대를 칭하는 알파벳은 다르지만, 사람 사는 이야기를 하다 보면 서로의 마음도 트이면서 대화와 공감도 나누게 된다.

십여 년 전 승객이 내게 던진 한마디는 글을 써보라는 말이었다. 내겐 생소하게 들렸지만, 맞는 말이야 속으로 맞장구를 치면서 정말 희소식처럼 반가운 말은 글 쓰는 열정 속으로 날 밀어 넣었다. 택시 운전하면 책 백 권은 쓰고도 남는다는 선배 기사들 말이 내 머릿속에 콕 박혔다. 택시에서 타고 내리며 승객들의 마음을 훔쳐, 사람만이 나타낼 수 있는 표정을 쓰자는 생각이 들었다. 떠나고 남겨질 사람의 이야기도 담고 삶의 정답과 오답을 배우며 쓰고 목적을 이룬 이들과 마음을 이루지 못한 애틋한 사람들 이야기도 써보자는 생각이 머릿속을 채웠다.

금주와 금연은 물론 긍정이라는 사고방식으로 나의 전부를 완전히 바꾸기 시작했다. 사랑은 내려가고 걱정은 올라간다고 애 취급하지 말라면서 아내의 잦은 걱정 타령에 쐐기를 박았다. 택시와의 동행에 겹친 글쓰기 동행은 여러 여건이 만만치 않았지만, 근무 시간을 줄여가면서 글쓰기 공부를 틈틈이 이어갔다. 승객과 있었던 하루를 일기장처럼 써 내려갔다. 승객이 건넨 지식과 지혜를 통해 건강도 유지하고 성실한 가장으로 변해갔으며 회사도 동료 기사도 날 성실한 택시 기사로 인정했다. 택시와의 동행은 나에게 뜻하지 않은 삶의 전환점을 되었고 그 상황을 승객과 택시의 도움으로 슬기롭게 깨달음을 얻었고 내가 나에 대한 존재 가치에 큰 뜻매김을 주었다. 택시와 동행한 시간만큼 탓하는 것도 비교하는 것도 기울어졌던 평정심도 중심을 잡아갔다. 이해도 배려도 사랑하는 것도 익숙해지려고 노력하는 중이다.

택시 핸들이 점차 버거운 나이가 되어가고 있다. 승객이 건넨 솜사탕 같은 삶의 이야기를 조금씩 떼어 다른 승객에게 나눠주는 즐거움이 나의 힘이고 위로가 되었다. 지금도 핸드폰 알람은 새벽 두 시 반에 잠든 날 흔들어 깨운다. 주어진 하루를 어떻게 살까, 이런 고민은 지금은 아예 하지도 않는다. 주어진 오늘 웃으면서 즐거운 마음으로 하면 될 것이다. 근무 시작 전 늘 핸들을 잡고 택시와 귓속말을 나눈다. 오늘 하루도 안전이 우선이다. 코로나가 자취를 감추기를 바라고 따뜻한 정이 넘치는 하루가 되었으면 너무 좋겠다고 전한다.

출이반이(出爾反爾)란 사자성어가 생각났다. 너에게서 나와서 너에게로 돌아간다는 뜻으로, 좋고 나쁜 일이 결국 모두 자기 자신에 의한 행위와 결과라는 뜻이라고 한다. 세상은 변하고 변할 것이기에 그 흐름에 따르는 것도 한 방법일 수도 있다.

여태껏 내 경험으로 봐도 사람은 혼자 사는 게 아니다. 닥친 시련과 고통 그리고 기쁨도 함께 나눌 사람이 있다는 자체가 위안이고 힘이다. 더불어 사는 건 당연하고 나누고 받는 인간의 정이 넘치는 사람 사는 곳이 되어야 한다는 걸 택시를 운행하면서 승객을 통해 배웠고 나름은 실천하려 애쓴다. 사람이 살아가면서 꼭 사람이 아니어도 사물이나 자연에서도 힘이 얻고 위안을 얻는 사람들을 많이 봤다. 눈에 보이는 인생이 주어진 인생의 전부는 아니다. 어디선가 어느 때인가 기다리고 있다가 전환의 기회가 되면 어김없이 우리에게 찾아들 것이다. 변화의 전환을 받아들이는 연습도 필요하다. 인생에서의 배움은 끝이 없음을 택시와 25년 동고동락하며 얻은 결론이다.

택시, 작은 공간에 세로로 놓인 좌석과 가로로 놓인 좌석에 앉아 나누는 우리들의 넓은 이야기는 승객과 택시가 있다면 내가 택시 핸들을 놓을 때까지는 계속 이어질 것이다.

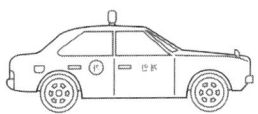

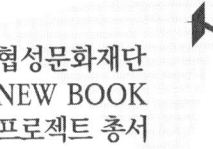

협성문화재단
NEW BOOK
프로젝트 총서

택시, 작은 공간 넓은 이야기

ⓒ 이정관, 2022

초판 1쇄 발행 2022년 12월 20일

지은이　이정관
발행처　(재)협성문화재단
　　　　　부산광역시 동구 충장대로160
　　　　　협성마리나G7 B동 1층 북두칠성도서관
　　　　　T. 051) 503-0341　　F. 051) 503-0342
제작처　도서출판 지식과감성#
　　　　　T. 070) 4651-4734　　E. ksbookup@naver.com

ISBN 979-11-392-0816-0(03810)

※ 가격은 겉표지에 표시되어 있습니다.
※ 이 책에 실린 글과 이미지는 저자와 출판사의 허락 없이 사용할 수 없습니다.